Couvertures supérieure et inférieure
manquantes

RÉSUMÉ

DE LA

PHILOSOPHIE DU DROIT,

D'APRÈS LE POINT DE VUE HISTORIQUE,

DE

FRÉDÉRIC-JULES STAHL,

PROFESSEUR A L'UNIVERSITÉ DE WURTBOURG.

PAR

HENRI KLIMRATH,

DOCTEUR EN DROIT.

Τί θεός; τί τὸ πᾶν;
Θεὸς ὁ πάντα τεύχων βροτοῖς.

PINDARE.

———

(EXTRAIT DE LA REVUE GERMANIQUE.)

———

STRASBOURG,

Chez F. G. LEVRAULT, imprimeur-libraire,
rue des Juifs, n.° 33.

PARIS,

Même maison, rue de la Harpe, n.° 81.

1837.

(5)

STRASBOURG, DE L'IMPRIMERIE DE F. G. LEVRAULT.

Pour tous ceux qui voient dans l'histoire quelque chose de plus que matière à érudition; dans la jurisprudence, quelque chose de plus que les textes actuellement en vigueur, un livre où la philosophie et l'histoire se rencontrent sur le terrain du Droit, ne saurait être une apparition indifférente.

Celui de M. Stahl mérite l'attention à plus d'un titre. On peut dire que pour tous ceux qu'il convaincra, il marquera une ère nouvelle dans la philosophie du Droit et dans l'appréciation de l'histoire.

L'école historique avait signalé son début par le petit écrit[1] où M. de Savigny, guidé par l'intuition du génie, expliquait l'origine du droit positif, et s'élevait si haut au-dessus des formules de ses adversaires, sans s'abaisser seulement à les combattre.

Mais, de ce moment, l'école historique a produit de louables recherches sur les institutions du passé; elle n'a pas fait un pas comme théorie générale. Elle n'a pas su rattacher ses vues à un principe, ni trouver la raison du juste après avoir expliqué le fait de l'établissement du droit positif, ni enfin réfuter ou seulement caractériser exactement ses adversaires.

Il en est résulté que les théories de l'école dogmatique et philosophique qui avait précédé, ont continué d'avoir cours dans la science : car l'esprit de l'homme est ainsi fait qu'il ne saurait se passer d'idées générales. Seulement ces théories se sont mêlées au hasard avec les aperçus de détail de l'école historique, dont on ne pouvait contester la justesse, et avec lesquels elles étaient cependant en opposition flagrante. De là cette foule d'opinions indécises et flottantes, de partis mitoyens, qui compromettent la science par l'incohérence et la confusion des idées.[2]

[1] De la vocation de notre temps pour la législation et la jurisprudence. Heidelberg, 1814.

[2] Cùm emergit veritas ex errore quàm ex confusione. Baco, de form. calid. Aphor. X.

M. Stahl n'a pas seulement le mérite d'avoir défini avec précision les tendances, le principe, la méthode et le système des écoles philosophiques de nos jours; il n'a pas seulement vaincu par ses propres armes le rationalisme plus ou moins conséquent, plus ou moins exclusif, plus ou moins abstrait, qui est au fond de presque toutes les opinions scientifiques ou vulgaires de notre époque, et qui a fait obstacle jusqu'ici à l'école historique; il a fait plus : il a rendu à l'histoire son véritable principe philosophique.

Ce principe, M. Stahl reconnaît hautement le devoir au premier philosophe de l'Allemagne, à Schelling, qui, après un long silence, établit les bases de sa nouvelle philosophie dans le cours qu'il ouvrit à l'université de Munich, dans le semestre d'hiver de 1827 à 1828. Mais M. Stahl a développé librement le principe du maître, en l'appliquant à la jurisprudence. Il en fait lui-même la remarque dans sa préface : « Le système de la liberté, et c'est ainsi que Schelling appelle le sien, ne peut trouver amour et culte véritable que dans des esprits indépendants. »

L'exposition critique du développement des théories actuelles sur la philosophie du Droit, tel est le sujet du premier volume du livre de M. Stahl. Le second volume contient une théorie chrétienne du Droit et de l'État. Aujourd'hui que l'ouvrage est complet [1], ne pouvant en entreprendre la traduction, je n'ai pas hésité, du moins, à dérober quelques instants à l'histoire du Droit français, pour donner ce résumé aussi fidèle et aussi concis qu'il m'a été possible de le faire. Je voudrais qu'on pût y retrouver quelque chose de la netteté et de l'élévation de l'original.

H. KLIMRATH.

1 Le tome I.er a paru au commencement de 1830, alors que M. Stahl était encore simple docteur en Droit et *Privat-Docent* à l'université de Munich. La première partie du tome II a été publiée en 1833; la seconde vient de paraître.

LA PHILOSOPHIE DU DROIT,

D'APRÈS LE POINT DE VUE HISTORIQUE.

PREMIÈRE PARTIE.

GENÈSE DES THÉORIES ACTUELLES.

INTRODUCTION.

La philosophie du Droit est la science du juste. Or, qu'est-ce que le juste ? Les opinions sont diverses, les systèmes nombreux et hostiles. Nous sommes ainsi appelés à prendre parti entre les théories qui se partagent notre époque.

Jamais la science du juste ne fut plus difficile. La succession rapide des systèmes et des révolutions a produit, dans le domaine de la philosophie, l'incertitude de toute connaissance; dans le domaine du Droit, l'instabilité de toutes choses.

Vers la fin du siècle dernier, une tendance dès longtemps préparée, éclata. L'orgueil de la liberté des actions et des pensées humaines devint le principe de la science. Comme tout principe nouveau, il prétendit à la domination exclusive et absolue. Tout fut détruit et nivelé, pour ne reconstruire que ce qu'aurait confirmé la raison. Mais là se trahit son impuissance, et l'on commença de s'incliner de nouveau devant cette puissance supérieure qui gouverne à notre insu les choses humaines.

Cette réaction naturelle tomba elle-même dans l'excès contraire. La lutte contre la philosophie du temps se changea en dédain de toute philosophie; un respect aveugle pour les institutions consacrées par l'histoire, entraîna l'abdication de tout examen et de tout libre jugement. L'école historique elle-même a fini par sentir le besoin d'un principe du juste, sans savoir où le trouver.

Un dernier système, celui de Hegel, s'oppose également aux deux tendances précédentes ; et il faut ajouter enfin les théories les plus importantes qui se sont produites dans le passé, et que notre civilisation classique ne permet point de passer sous silence.

Quelle mesure commune appliquera-t-on à ces systèmes divers, pour porter sur leur vérité un jugement qui ne soit pas désavoué par eux ? Chacun contient en lui-même son premier principe du juste, ou même son premier principe de toute pensée et de toute connaissance. Admettre ce *criterium*, c'est admettre tout le système ; le nier, c'est faire récuser son jugement. Entre des systèmes divers il n'y a point de rapprochement possible : l'éclectisme supposerait lui-même une mesure, qui serait rejetée par tous ensemble.

Toutefois, un système ne se forme pas de lui-même ; il naît dans la pensée des hommes, et il y est suscité par une cause réelle, un motif, un besoin, un intérêt de la nature humaine. Son premier principe n'est autre chose qu'une expression plus ou moins fidèle de cet intérêt, qui partant domine le système sans être dominé par lui ; et la mesure de cet intérêt sera la mesure légitime du système qui en dérive. Or, cette mesure n'est point un raisonnement, mais un fait. Le jugement des divers mobiles des systèmes philosophiques est dans leur développement historique et leurs résultats, fondés sur la nature réelle de l'homme.

Si des systèmes contraires sont inconciliables, leurs mobiles divers ne le sont point ; tous, au contraire, ont leur vérité relative, puisque tous sont compris dans la nature humaine. Une philosophie qui leur donnerait satisfaction à tous, serait à coup sûr la véritable, et elle concilierait entre eux tous les systèmes, non dans leurs assertions contradictoires, ce qui est impossible, mais par leur tendance et par l'intérêt qui les a produits.

C'est de ce point de vue que nous allons suivre, dans ses grands traits, la génération des théories actuelles. L'étude du passé préparera les résultats de l'avenir.

I. *Théories concrètes : Philosophie idéaliste et empirique des Grecs.*

1. PLATON.

De même que l'œil reçoit la lumière et atteste la lumière, mais n'est point la lumière ni ne l'a faite; de même l'idée illumine l'intelligence, qui la reçoit et en rend témoignage, mais ne l'est point et ne la produit point. Si le soleil, en rayonnant la lumière, donne aux choses la couleur et à l'œil la faculté de les apercevoir, l'idée est dans une autre sphère, la source et la cause de tout bien. Otez le soleil du monde physique, les couleurs s'effacent, les objets disparaissent, l'œil est comme frappé de cécité: ôtez l'idée du monde intelligible, et vous supprimez la différence du bien et du mal, du vrai et du faux. Telle est la comparaison de Platon au sixième livre de sa République.

L'existence et la nature de l'idée sont donc, pour lui, indépendantes de notre faculté de connaître, qui ne s'exerce même que sous son influence. L'idée n'est point parce que quelque loi de notre raison la postule; elle ne consiste point dans un ensemble de formes vides, de règles abstraites, déduites des procédés de notre esprit. Riche et féconde comme la lumière, elle rayonne suivant sa nature propre; en elle est le point de départ et le premier principe: il faut que l'intelligence la saisisse par la faculté active de l'intuition.

La justice, émanée de l'idée, n'est pas davantage une règle ou un système de règles, mais la vive image d'une activité variée et exactement déterminée dans toutes ses manifestations. Aussi la République de Platon est-elle le modèle de toute exposition concrète. Il nous montre ses citoyens dans toutes les situations de la vie : leurs occupations diverses, leur éducation, leurs sentiments, sont inséparables de la forme du gouvernement. Il ne suffit pas qu'ils se dévouent à la république, s'ils ne le font de telle manière précise, dans telles circonstances et dans tel esprit. Des hommes sages sont préférables à de sages lois; et il est de l'essence de cette république que les sages la gouvernent. Car aucune règle n'est prescrite pour le jugement des cas particuliers : c'est le sens droit des bons citoyens, formés par une bonne éducation, qui seul en décide. Ainsi cet idéal de république, déterminé d'une manière si positive jusque dans les choses qui semblent les plus accidentelles, ne comporte point de ces principes généraux et abstraits, sous lesquels les faits extérieurs, quels qu'ils soient, se classent et se résument. L'État ressemble au corps de l'homme : ce n'est pas une construction immobile, mais un organisme vivant, où tout se lie et se tient dans une unité parfaite. Aussi Platon ne procède-t-il pas par déduction logique : il examine l'effet total de chaque institution dans l'État, de chaque disposition dans les citoyens.

Dire que la République de Platon est impraticable, c'est bien mal en comprendre l'esprit. Car il ne s'agit pas d'appliquer telle ou telle prescription particulière, mais d'organiser, par des moyens appropriés, un État qui produise sur le spectateur la même impression de grandeur et d'harmonie. L'idée de la République de Platon est celle que, dans leur période la plus brillante, toutes les républiques grecques s'efforcèrent de réaliser. Mais un idéal ne trouve jamais dans le monde sa réalisation complète; et la République de Platon elle-même ne rend sans doute qu'imparfaitement l'idée qui s'en présentait à son esprit.

Ce que Platon appelle la justice de l'État, n'en est, à vrai dire, que la beauté. Le beau consiste, en effet, dans la réunion harmonieuse d'existences multiples en un tout, quoique sans conscience, et sans satisfaction des besoins des parties. Le juste, au contraire, n'existe qu'à condition de donner aux *existences* individuelles cette satisfaction et une certaine indépendance, afin que, formant chacune un tout par elle-même, elles concourent librement à produire une unité plus haute. Or, Platon sacrifie l'homme, son bonheur, sa liberté, sa moralité même, à l'excellence de l'État comme œuvre d'art.

Une telle exagération porte sa peine en elle-même. Platon avait prétendu faire de sa république une harmonie plus sublime que toutes les harmonies de la nature : il ne le pouvait qu'en la fai-

vent exécuter librement par des êtres intelligents et libres; mais ses citoyens sont destitués de tout choix et de tout libre arbitre. L'État développe et protége en eux, non leur personne, mais leurs facultés, dont il profite même contre leur gré. Une élite peu nombreuse a seule la conscience du grand œuvre auquel tous les citoyens concourent, et ceux-là même ne sauraient avoir aucun mérite de leur concours, puisqu'ils sont, par position, dans l'impuissance de s'y refuser. Si donc le bien, suivant Platon, doit être d'une beauté supérieure au beau lui-même, on peut dire que ce degré supérieur de beauté manque à sa république, sans parler de la différence des sexes méconnue, des liens de famille abolis, de la poésie proscrite.

Toutefois, trois nobles tendances élèvent cette théorie au-dessus de toutes celles qui ont suivi : Platon réclame partout, comme conditions de la vie publique, le développement positif des facultés humaines, la beauté harmonique de l'organisation sociale, enfin la pureté et la noblesse des sentiments.

2. ARISTOTE.

Aristote n'a point comme Platon le don de la divination. Il ne part point de l'idée. Sa base est le monde tel qu'il est, et les lois qui visiblement le conservent et le régissent. La source et la mesure du juste sont dans la nature : rien n'est bien, rien n'est excellent que ce qui est conforme à la nature. L'éthique découle donc de la physique, avec cette différence, que ce sont des êtres libres et intelligents qui accomplissent la loi morale.

Il est vrai que la nature renferme des forces et des tendances contraires : mais ce qui prédomine dans l'ensemble, c'est une tendance à conserver, à accroître, à multiplier l'existence, quoiqu'on y rencontre aussi quelquefois, contre sa fin générale, la destruction et la mort. Il est vrai aussi que la nature exerce son empire avec une nécessité destructive de la liberté morale; mais il y a place pour la liberté, lorsque l'être intelligent doit se conformer aux fins générales de la nature en opposition avec son action du moment. De ce point de vue on comprend le caractère particulier de la politique d'Aristote et son rapport avec Platon.

Pour quelle fin la nature crée-t-elle des sociétés? L'observation montre que c'est pour la conservation et le bien-être. Ces besoins, imparfaitement satisfaits dans des sociétés plus petites, la famille, les villages, ne le sont pleinement que dans l'État. Ce qui favorise la conservation et le bien-être est donc juste; ce qui les contrarie est injuste. Toutes les institutions, tous les gouvernements sont passés en revue, et jugés à cette mesure. Un gouvernement qui n'existe que pour lui-même, et non pour la conservation et le bien-être des gouvernés, est absolument injuste: c'est la tyrannie. Les autres gouvernements, démocratie, aristocratie, monarchie, ne sont justes que relativement, parce que des circonstances diverses exigent des moyens divers de conservation et de prospérité. Les circonstances les plus favorables au maintien d'un bon gouvernement, sont la prépondérance de la classe moyenne, parce que, accoutumée à la modération dans le commandement comme dans l'obéissance, elle assure à l'État la durée et la stabilité.

Le bien-être dépend, comme la conservation, de circonstances plus ou moins favorables, mais principalement de la vertu; parce que l'expérience apprend que l'homme vertueux seul est heureux, et que le bonheur est une des fins de la nature. La vertu elle-même est pour Aristote le milieu entre deux extrêmes, parce que rien, dans la nature, ne se conserve que par la modération.

La nature avec ses fins dépend aussi peu que l'idée de Platon de la raison humaine. Pour Aristote aussi, le bien est un objet extérieur et donné, qu'on découvre par une activité de l'esprit dirigée vers lui, par l'observation. Mais l'intuition de Platon suffit à donner immédiatement la connaissance du juste, tandis que l'observation ne donne à Aristote que des matériaux d'où il faut dégager cette connaissance au moyen de l'abstraction et de la généralisation. De là un travail logique, qui a donné quelquefois le change sur la portée de son système, en même temps que ses objections à Platon semblaient le rapprocher des théories

modernes. Mais il n'en est rien. Pour lui aussi, la justice n'est pas
un système de règles, mais une manière d'être des hommes; pour
lui aussi les institutions s'éprouvent, non par la rigueur des déductions logiques, mais par leur effet réel, produit dans l'État et
sur les hommes; pour lui aussi, la société précède et domine
l'individu.

Dans la vérité des choses, l'intuition et l'observation s'accordent et se complètent en vertu de l'accord que l'intelligence suprême a mis entre la physique et l'éthique, entre l'idée et les
faits. D'abord, si la loi s'impose aux faits et leur commande, elle
est à son tour limitée par eux, en ce sens qu'elle ne peut commander l'impossible. Puis ensuite, dans la grande chaîne des
harmonies de l'univers, l'histoire de la nature est comme le pré-
lude de l'histoire de l'homme, et elles présentent entre elles des
analogies profondes, malgré des différences non moins essentielles.
Enfin, l'impulsion naturelle de l'instinct et du besoin conduit souvent l'homme au même but que la loi morale lui prescrit comme
un devoir. Comment se fait-il donc que, dans les deux grands
représentants de la philosophie des Grecs, ces deux méthodes se
montrent exclusives et hostiles? C'est qu'aux Grecs a manqué
totalement le point de vue historique, qui seul concilie l'idéal
avec la réalité, en faisant concevoir une progression, une ap-
proximation de l'une à l'autre. Chez Platon, l'idée dans sa sublimité
ne produit que le dédain du monde réel; chez Aristote, l'étude
exacte de celui-ci ne produit que la conviction de l'imperfection
inévitable de toutes choses.

3. L'ÉTHOS DES GRECS.

La philosophie d'un peuple a sa racine dans sa théologie. Chez
les Grecs le polythéisme n'avait pas seulement fractionné la divi-
nité en individualités multiples : au-dessus des dieux l'aveugle
destin règle les événements; et les idées, ces types du beau,
du bien, du sublime, président au monde moral. Puissances impersonnelles, sans conscience d'elles-mêmes, venant on ne sait

d'elle, les idées et le destin règnent également sur les dieux et sur les hommes. La croyance primitive de l'humanité nous montre le Dieu personnel et tout-puissant, conduisant les destinées, et dictant aux hommes leur loi par sa libre volonté. Ces lois n'ont de sanction que dans sa volonté souveraine : « Vous ne devez pas agir faussement entre vous, car je suis le Seigneur. » Cet ordre de choses est complétement interverti chez les Grecs. « Le saint, dit Platon, dans l'Eutyphron, n'est pas saint parce que les dieux l'aiment, mais les dieux l'aiment parce qu'il est le saint. » La volonté de Dieu, la loi de Dieu, est ici isolée de son auteur et élevée au-dessus de lui-même. La cause suprême de toutes choses a cessé d'être intelligente et libre.

Par cela seul le principe historique est exclu. L'histoire suppose l'action ; et les idées, comme le destin, immobiles plutôt qu'immuables, sont de toute éternité sans résolution, sans action, sans progrès. Dans le judaïsme et le christianisme tout est histoire, tout est progrès ; le changement devient possible sans que l'unité soit détruite ; et le Sauveur a pu dire, lorsqu'il fondait son nouveau royaume : « je suis venu non pour détruire, mais pour accomplir. » La philosophie grecque, au contraire, voit les événements se succéder dans un mouvement perpétuel, sans plan, sans but et sans progrès.

Par la même raison, le principe de charité est totalement étranger à la philosophie grecque. La charité, l'amour, n'existent que de personne à personne ; le destin, les idées sont insensibles, inexorables. Même le Dieu jaloux de l'ancienne alliance suspend la vengeance à la quatrième génération, tandis que sa bénédiction s'étend jusqu'à la millième : la Némésis des Grecs est sans pitié. Comment le législateur ou le philosophe, organisant librement la société échappée aux lois théocratiques, aurait-il eu pour l'homme des ménagements que ce qu'il connaissait de plus puissant, le destin, foulait aux pieds ; dont ce qu'il connaissait de plus sublime, les idées, paraissaient souvent exiger le sacrifice ? La perfection de l'État, sa beauté dans Platon, sa conservation et sa prospérité dans Aristote, sa puissance guerrière à Sparte, voilà le but : qu'importe après le sort de l'homme ?

Aussi l'éthique des Grecs ne s'adresse-t-elle pas à l'homme, mais à l'État. Elle ne dit pas : tels sont les devoirs de l'homme dans l'État, mais : l'État réalisera cette idée, et par suite la conduite des citoyens sera telle. L'homme n'a donc des devoirs qu'indirectement, et il ne lui est pas donné davantage d'avoir des droits propres et individuels. Au premier livre de la République, Platon dit que le juste consiste à rendre à chacun ce qui lui appartient (προσῆκον); on croit trouver ici le *suum cuique tribuere* des jurisconsultes romains : mais on voit aussitôt qu'il ne s'agit nullement d'un droit, par cet exemple que donne Platon, qu'il faut faire du bien à ses amis, du mal à ses ennemis.

Si, chez les Grecs, le point de départ pour l'organisation de la société est hors de l'homme, le point de départ de la science, de la philosophie en général, n'est pas non plus en lui. Rien n'y rappelle le principe tout subjectif de la conscience ou de la pensée humaine adopté par les philosophes modernes. Principe objectif et concret, mais absence du point de vue historique, et prééminence de l'État sur l'homme, sur son bonheur, sa liberté, sa moralité; tels sont les caractères essentiels de l'éthique des Grecs.

II. *Théories abstraites : Le Droit naturel.*

1. PHILOSOPHIE ABSTRAITE OU RATIONALISME.

L'essence de la philosophie abstraite est de n'admettre comme vrai que ce qui découle *à priori* de la raison pure, ce qui est logiquement nécessaire, ce dont le contraire serait impossible et absurde. Il ne suffit pas qu'une chose soit, il faut qu'elle ne puisse pas ne pas être. La raison, qui est le *criterium* négatif de toute spéculation et de toute connaissance, en ce sens que ce qui est contraire aux lois de la pensée ne saurait être vrai, devient ici le *criterium* positif de la vérité. Car il n'y a de nécessaire pour la raison que la raison elle-même, avec ses lois, ses formes, ses catégories, ce qui est contenu en elle antérieurement à toute expérience : ce que l'expérience nous apprend pourrait aussi ou n'être point ou être autre.

Le motif de cette philosophie n'est rien moins qu'un besoin de doute et de scepticisme. Le philosophe qui fait table rase, a la confiance de reconstruire l'univers par la seule raison. Ce n'est pas davantage l'admiration de l'entendement humain; autrement les philosophes modernes s'efforceraient, comme les philosophes grecs, de porter l'intelligence dans les choses, au lieu de les éliminer par l'abstraction.

Ce qui a produit le rationalisme est un besoin de liberté, d'individualité, de subjectivité, qui éclate dans toute l'histoire de l'Europe moderne et des populations germaniques. Dans la science comme dans la vie, l'individualité humaine se révolte contre toute contrainte extérieure. La connaissance des choses suppose la reconnaissance de leur existence hors de nous, de leur action sur nous, de la limitation de notre activité par elles. La raison humaine se refuse donc à les reconnaître, à moins qu'elle n'en trouve en elle-même, dans sa propre nature et dans ses lois, la justification subjective. Cette tentative, de n'admettre que soi et de tout déduire de soi, semble à bon droit présomptueuse et folle; mais la faculté d'abstraction y entraîne l'esprit instinctivement, jusqu'à ce que l'expérience acquise de ses résultats inévitables nous ait appris à nous en préserver.

Toute philosophie a pour but théorique de mettre de l'unité dans la masse de nos connaissances; pour but pratique, de nous donner la certitude de certaines vérités, comme Dieu, l'immortalité. Pourquoi le philosophe, qui peut tout éliminer de sa pensée par l'abstraction, excepté sa propre existence et sa propre pensée, ne tenterait-il pas d'atteindre le double but de la spéculation au moyen de ce dernier terme, qui seul résiste à sa faculté d'abstraire? Ainsi s'explique le principe de la philosophie abstraite, la raison, et sa méthode, qui est ou simplement la réduction à l'absurde, ou, dans quelques systèmes particuliers (de Fichte, de Hegel), l'évolution par oppositions nécessaires.

Mais par là la philosophie abstraite anéantit toute vie, toute action, toute liberté; la catégorie de causalité n'est même conservée que de nom : il n'y a plus, comme dans la logique et la

géométrie, que des principes et leurs conséquences. Le principe
contient sa conséquence aussitôt qu'il existe; si le principe est
vrai, la conséquence est forcée; et les conséquences n'ajoutent
rien au principe, elles ne sont qu'une autre expression de lui-
même. La définition du triangle ou du cercle étant donnée, toutes
leurs propriétés sont données et connues par cela même. Mais
l'effet est séparé de la cause par le temps. La cause peut s'exer-
cer, et néanmoins l'effet avorter par un obstacle extérieur. Bien
plus, la cause elle-même peut être libre d'agir ou de ne pas
agir, de produire un effet ou d'en produire un autre. L'effet
n'est donc pas nécessairement donné avec la cause, ni nécessairement connu d'après elle, parce qu'il est quelque chose de nouveau, quelque chose de plus que la cause.

S'il n'y a de principe que la raison et de méthode que la
logique, il n'y a plus d'action, de création ni de changement
possibles. La philosophie abstraite est donc la négation directe
du point de vue historique, que les Grecs avaient seulement
ignoré. Celui-ci, en effet, ne consiste pas à se complaire dans le
passé et à déprécier le présent, ni à prétendre qu'on ne peut rien
savoir que par l'étude des événements antérieurs, ni à voir dans
la succession des faits une fluctuation continuelle sans unité et
sans but; mais au contraire de tout cela, à reconnaître qu'il y a
changement et progrès, qu'il y a l'action libre et créatrice de
causes intelligentes. Voilà pourquoi Schelling appelle *historique*
son nouveau point de vue, qui est aussi le point de vue chrétien.
Il appelle, par la même raison, son système actuel le *système
de la liberté*, ou bien le *système positif*, parce qu'il s'attache à
la réalité des choses, et non pas seulement aux formes vides de
la pensée abstraite.

Le rationalisme fait du dernier terme de l'abstraction son premier principe et son Dieu; et le monde ne peut être expliqué
que comme contenu logiquement dans ce principe : tout rationalisme conséquent aboutit au panthéisme. Spinoza appelle son
premier principe la substance; Kant, l'absolu; Fichte, le moi;
Hegel, la pensée pure. Ces diverses expressions peuvent toutes

se ramener aux deux termes renfermés dans la célèbre proposition de Descartes : *cogito, ergo sum*, savoir l'existence réelle du sujet pensant, et les formes pures de sa pensée même. Ils donnent naissance aux deux phases du rationalisme. Pour le rationalisme objectif, Dieu est la raison impersonnelle; pour le rationalisme subjectif, s'il ne reculait devant cette conséquence pourtant inévitable, Dieu serait l'homme pensant lui-même.

SPINOZA.

Spinoza est le représentant du rationalisme objectif. Il n'a point, comme les philosophes postérieurs, développé de système précis et complet; il n'a point essayé de montrer comment toutes choses se déduisent de la raison; mais prenant les choses telles qu'elles sont, il en a expliqué les rapports, dans l'hypothèse que ces rapports ne peuvent dériver que de la nécessité logique. Ainsi l'on est frappé de la hardiesse de l'entreprise sans en éprouver l'impuissance. La rigueur des déductions est inattaquable; et pour réfuter cette explication il n'y a qu'un moyen, c'est d'attaquer l'hypothèse même sur laquelle elle repose.

L'absolu (*causa sui*) ne peut être que ce dont l'existence est donnée avec sa notion même (ce dont la non-existence impliquerait contradiction), savoir, l'être même, la substance, Dieu. La substance est une et simple (la pensée, dans sa forme primitive, est nécessairement vide, et n'admet aucune distinction). Toute cause produit fatalement son effet (c'est-à-dire qu'il n'y a point de causes ni d'effets, mais des principes et leurs conséquences). Toutes les existences particulières ne sont que des conséquences nécessaires ou affections de la substance (de Dieu), qui est en elles comme l'essence de la pierre (*lapideitas*) est contenue dans chaque pierre. La substance n'a ni volonté ni intelligence; elle n'est point libre de créer le monde ou de ne le créer pas; elle contient le monde par une loi nécessaire. L'homme n'est pas plus libre que Dieu; nos actions ne nous semblent libres que parce que nous en ignorons les causes.

Spinoza n'est rien moins que matérialiste, car il raisonne constamment *à priori*. Mais en niant la liberté il a rendu toute morale impossible. Toute action est une affection nécessaire de la substance; elle est donc juste par cela seul qu'elle arrive; il n'y aurait d'injuste que ce que personne ne peut ni vouloir ni exécuter : l'existence du mal est une illusion.

Les hommes doivent se réunir en société et en supporter les charges, afin d'obtenir la sûreté, et parce que la nature les pousse à choisir de deux maux le moindre. S'ils ne le font point, c'est que la nature ne les y a point poussés, et ils n'encourent aucun reproche. L'association donne au gouvernement la puissance, et partant le droit. Le gouvernement peut prescrire ce qu'il lui plaît, car il a le pouvoir; les citoyens doivent obéissance, car ils n'ont pas la force de résister. Le gouvernement doit veiller au bien public pour prévenir la révolte et la ruine; s'il agit différemment, il le fait à ses risques et périls, mais il n'a pas tort s'il a la force. Les citoyens ne doivent pas transporter absolument et irrévocablement leurs droits au gouvernement, c'est-à-dire qu'il leur est matériellement impossible d'aliéner complétement et à toujours leur force individuelle. Que s'ils le pouvaient, le pouvoir ne serait plus tenu de bien gouverner, parce que rien ne le porterait plus à le faire.

Ainsi, ce qui se fait par la force même et la nature des choses est juste, au gré de Spinoza; et la nature des choses n'est pour lui que la nécessité logique.

———————

Le rationalisme objectif est la négation de toute morale, de tout droit. Mais par cela même on voit qu'il ne répond point au motif originaire de la philosophie abstraite, qui est un besoin d'individualité, de liberté. Le rationalisme subjectif, qui prend pour point de départ l'existence réelle du sujet pensant, est, sous ce rapport, dans des conditions plus favorables. Il ne déduit de la raison pure que les prescriptions morales, et admet la liberté des actions. Mais celles-ci pouvant alors être contraires aussi bien

2

que conformes à la raison, l'unité de principe est perdue. Au reste, le droit naturel, fruit du rationalisme subjectif, s'est produit sous deux aspects distincts, soit comme théorie isolée, depuis Grotius jusqu'à nos jours, soit comme partie intégrante de systèmes philosophiques complets, dans Kant et dans Fichte.

2. DÉDUCTION GÉNÉRALE DU DROIT NATUREL.

L'ÉTHIQUE.

Si dans Platon l'idée du bien a une existence objective et indépendante, dans la philosophie abstraite, l'éthique ne peut avoir d'autre source que la raison. La notion du devoir, la distinction du bien et du mal, ne sont rien, si je puis en faire abstraction sans détruire en même temps mon existence réelle et les formes logiques de ma pensée.

La scolastique avait préparé les voies à la philosophie moderne. Le christianisme reconnaissait à l'éthique une cause indépendante de la raison : les philosophes scolastiques commencèrent par distinguer en Dieu, comme cause du bien, une loi éternelle et sainte, antérieure à la volonté divine (*convenientia cum sanctitate divina antecedenter ad voluntatem divinam*); les philosophes modernes substituèrent à la sainteté de Dieu la raison, et déclarèrent que la distinction du bien et du mal subsisterait en vertu de la raison, quand bien même il n'y aurait pas de Dieu (*perseitas honestatis et turpitudinis*). Grotius adopte ce système; Leibnitz le soutient expressément, et Wolf relègue les lois divines dans le droit positif, les opposant au droit naturel, qui a dans la nature humaine sa raison suffisante. D'autres protestent, il est vrai, contre cette manière de voir, mais ils raisonnent comme s'ils la partageaient eux-mêmes. Suivant Puffendorf, la sociabilité et la raison humaine dérivent de la volonté de Dieu (*non ex immutabili quâdam necessitate, sed ex beneplacito divino*); et il n'y a de bien et de mal qu'en vertu du commandement (*impositio*) d'un souverain : mais celui-ci doit à son tour avoir de bonnes raisons (*justas causas et rationes*) pour chaque commandement! Thomasius affirme que la raison n'est point la cause de l'éthique (*principium obligationis*); qu'elle en est seulement la mesure (*principium cognoscendi*) : mais c'est là une subtilité vaine. Ou le bien a une cause en dehors de la raison, et alors celle-ci ne suffit point à le connaître; ou la raison donne la connaissance complète du bien, et alors que devient cette cause étrangère? Cette cause, dit-on, est Dieu; et comme Dieu nous a donné la raison, il ne peut vouloir que ce que la raison nous dicte. Mais Dieu ne nous a-t-il donné que la raison? et les enseignements de l'histoire, par exemple, ne viennent-ils pas également de lui? Aussi Dieu n'est-il, dans les systèmes de Puffendorf et de Thomasius, qu'un *Deus ex machina*, dont le rôle est de suppléer à l'insuffisance du système et d'en masquer l'inefficacité. Après Thomasius, le Dieu disparaît de plus en plus, et dans Kant la raison est déclarée expressément la cause de l'éthique.

La notion première dont la raison déduit l'éthique (*principium*, dit Wolf, *ex quo continuo ratiocinationis filo deducuntur omnia*), est, pour le rationalisme subjectif, l'existence réelle du sujet pensant, autrement dit, la nature humaine. La nature humaine est déterminée en réalité par l'individualité, par la situation et les destinées de chacun, par les circonstances de temps, de lieu, de nationalité, en un mot, par l'histoire : mais ainsi déterminée, elle manque de nécessité logique; et le rationalisme, impuissant à comprendre la variété féconde d'une unité vivante, repousse de toutes ses forces l'association purement syncrétique de principes multiples non ramenés à l'unité. Voilà pourquoi on adopta d'abord un seul des caractères de la nature humaine comme principe exclusif de l'éthique : Puffendorf, la sociabilité; Hobbes, la crainte [1]; Thomasius, le bonheur; Leib-

---

1. Hobbes passe pour avoir nié le Droit naturel : il n'en est rien; seulement il définit l'homme un être craintif, et la peur fait rechercher la protection, la défense, la sûreté, la paix. Comment doit se conduire un être peureux qui veut se mettre en sûreté? tel est le problème posé par Hobbes : ainsi d'autres se sont demandé comment l'homme devait se conduire pour être heureux. Hobbes se rapproche de Spinoza par plusieurs résultats communs; mais il en diffère essentiellement en ce qu'il admet la liberté humaine.

nité, le perfectionnement ; jusqu'à ce que Kant montre enfin que
ces divers principes ne sont encore qu'empruntés, et qu'il n'y a
de rigoureusement nécessaires, dans la définition de l'homme, que
les caractères de la raison et de la sensibilité. Hoffbauer a poussé
encore plus loin l'abstraction ; il ne déduit de la notion d'être sensible et raisonnable que le droit naturel appliqué : le droit naturel
pur a pour principe la notion d'un être simplement raisonnable.

Les diverses prescriptions morales diffèrent suivant la diversité
de leur objet ou de la sphère dans laquelle elles s'appliquent.
Chaque mode de l'existence, chaque forme de la société, chaque
rapport, chaque institution, a sa fin morale propre, et par conséquent sa loi. Mais le rationalisme n'admet point de ces influences
extérieures, étrangères à son premier principe ; il est condamné
à en faire abstraction. C'est ce qui est arrivé surtout pour la société
civile et politique : l'état de nature n'est pas autre chose.

Aussi le rationalisme ne part-il point, comme la philosophie
des Grecs, de l'organisation de l'État pour arriver aux lois de la
conduite des citoyens ; il s'adresse aux individus, leur donne leur
loi, et l'État se forme en conséquence. Le droit naturel ne contient de prescriptions que pour les actions isolées des individus.

Le droit naturel ne peut de même régler la conduite de l'homme
que vis-à-vis de l'homme ou vis-à-vis de la raison. Sous le premier rapport il lui prescrit, selon la différence des systèmes, de
chercher, soit sa sûreté, soit son bonheur, soit le bonheur ou
la liberté de ses semblables, etc. ; sous le second, il lui fait un
devoir d'agir toujours d'une manière conséquente. De ce point
de vue, des devoirs envers Dieu seraient un non-sens, et Kant
les a bannis de l'éthique.

DIVISION EN MORALE ET EN DROIT.

La plus simple observation nous oblige à distinguer deux sortes
de prescriptions morales, dont l'accomplissement est, pour les
unes, obtenu par la coërcition de l'État ; pour les autres, abandonné à la volonté de l'individu. Pour les premières on regarde
principalement au fait, à l'action ; pour les secondes à l'intention.

Cette distinction avait été négligée par les Grecs. Distinguant la justice de l'État de la justice de l'homme, ils n'admettaient la contrainte contre l'individu que pour l'accomplissement de prescriptions qui s'adressaient non à lui, mais à l'État, et pour l'accomplissement desquelles l'État ne souffrait lui-même aucune contrainte. Mais la philosophie abstraite, qui adresse toutes ses prescriptions à l'individu, ne peut se dispenser d'expliquer comment d'un même principe découlent deux ordres de prescriptions contradictoires.

Puffendorf divise l'éthique en deux branches, l'une positive, la théologie ; l'autre philosophique, le droit naturel, auxquelles correspondent les prescriptions du for intérieur et du for extérieur. Cette division, assez arbitraire [1], est attaquée par Leibnitz : celui-ci reconnaît que le for intérieur doit rester exclu du droit naturel ; mais il le sépare en même temps de la théologie positive, parce que ses prescriptions, comme celles du droit naturel, dérivent de la raison. Ce que Leibnitz avait indiqué, Thomasius le développe et le motive. Rejetant le principe de la sociabilité, qu'il avait d'abord admis avec Puffendorf, il pose celui du bonheur, d'où se déduit cette double loi : qu'il faut chercher la paix hors de soi et en soi. De là la prescription négative de ne pas nuire à autrui, et la positive, de faire aux autres ce qu'on voudrait qu'on vous fît ; de là le for extérieur avec la coërcition, le for intérieur avec la liberté ; de là le Droit naturel et la morale philosophique.

Cette division est nette et précise, mais la raison de la coïncidence du for extérieur et de la coërcition, du for intérieur et de la liberté, n'est pas donnée. C'est pourquoi Kant substitua à la paix intérieure et extérieure, comme loi et comme but de l'éthique, la liberté intérieure et extérieure. La liberté intérieure serait anéantie par la contrainte ; la liberté extérieure, au contraire, ne peut exister que par elle : car il ne suffit pas que l'obligé s'acquitte de son obligation ; s'il dépendait de lui de s'y soustraire, la liberté de l'ayant-droit serait un vain mot.

---

[1] Puffendorf est d'ailleurs obligé de la compléter par un titre *de promiscuis officiis humanitatis.*

Ici se montre une différence de plus entre la morale et le Droit. Pour que la liberté extérieure de l'ayant-droit existe, il faut que l'exercice en dépende de sa seule volonté. La loi morale est unilatérale, pour ainsi dire; elle se borne à imposer des prescriptions à l'agent; l'aptitude que Grotius a prétendu reconnaître dans l'objet de l'action, n'a aucune valeur scientifique. La loi juridique, au contraire, impose, d'une part, une nécessité à l'obligé, et reconnaît, de l'autre, une faculté à l'ayant-droit. Cette faculté est le droit dans le sens subjectif du mot : notion inconnue des Grecs, mais nettement formulée par les Romains, et qui n'a cessé depuis de vivre dans la conscience de l'homme, particulièrement chez les peuples germaniques. Feuerbach a donc en dernier lieu défini la morale, la science des devoirs; le droit naturel, la science des droits.

Mais on entrevoit déjà les contradictions dans lesquelles la philosophie abstraite a dû tomber sous un double rapport.

1. La morale et le Droit contiennent des prescriptions contradictoires : ce que l'une interdit au nom de la liberté intérieure, l'autre non-seulement ne le défend point, mais en protége l'exécution au nom de la liberté extérieure. L'école de Wolf a voulu limiter le Droit aux actions que la morale ne défend point; mais la morale s'étend à tout, et l'on n'aura plus le droit de ne rien faire, parce que l'oisiveté est un vice; de jouir de son bien, parce qu'il y a des indigents. Suivant Kant, la raison établit la liberté extérieure, afin que ses prescriptions du for intérieur puissent être accomplies librement: mais la liberté extérieure n'est pas une condition indispensable de la liberté morale; s'il en était ainsi, la raison devrait aussi assurer notre liberté extérieure contre les obstacles matériels et la contrainte qu'exerce sur nous la nature. Mais la raison se contredit aussi, en ce qu'elle veut, pour les mêmes actions, ici la contrainte, là la liberté : ce qui arrive dès que la morale accorde sa sanction aux prescriptions de la loi juridique. Pour échapper à cette conséquence forcée, Fichte a non-seulement séparé le Droit de la morale, mais l'a exclu de l'éthique même.

2. Le Droit objectif ou la loi juridique, et le droit subjectif ou la faculté de l'ayant-droit, sont des notions contradictoires. Ce qui est facultatif ne saurait dériver de la loi, qui est nécessaire : dans la philosophie abstraite, une loi permissive est une absurdité. En vain Wolf veut-il dériver la notion du Droit de celle du devoir : quand j'ai le devoir de faire une chose, j'en ai aussi le droit; mais alors ce droit n'a plus rien de facultatif. Heydenreich et Hoffbauer fondent le droit de l'un sur l'obligation de l'autre; Kant réserve entre ce que la loi commande et ce qu'elle défend, un espace libre où le droit subjectif s'exerce : mais dans ces deux hypothèses la faculté existe de fait, elle n'est plus un droit, une faculté juridique. Car de ce que la raison interdit à l'obligé toute résistance, il ne s'ensuit pas qu'elle approuve la contrainte exercée sur lui; et de ce qu'elle ne condamne pas une action, il ne s'ensuit pas qu'elle l'autorise et la sanctionne expressément. Ici encore Fichte fit le dernier pas en intervertissant tout l'ordre des idées. Pour lui c'est le droit subjectif, la faculté juridique qui est le premier principe, d'où découlent ensuite la loi juridique et la coërcition de l'obligé.

Au reste, toutes ces contradictions n'existent que pour la philosophie abstraite. Une cause vivante et personnelle peut, sans se contredire, admettre ici la liberté, là la contrainte, produire d'un seul jet le droit de l'un et l'obligation de l'autre, et permettre aussi bien que commander. L'identité de l'intention finale ramène à l'unité ses actes et ses prescriptions en apparence les plus contraires. Ainsi le rationalisme échoue contre ses subtilités qu'il a créées lui-même.

THÉORIE DU DROIT.

La logique est l'âme de la philosophie abstraite; le Droit naturel est comme le miroir où son mobile secret se reflète. Le principe du Droit naturel est la liberté.

Si la liberté se déduit immédiatement de la notion d'être sensible et raisonnable, elle appartient également à tous les hommes;

et si elle est la fin unique de toute coërcition, rien au monde ne saurait faire que l'égalité ne soit et ne reste absolue. Tous les docteurs du Droit naturel sont d'accord sur ce point, malgré les conséquences extrêmes où conduirait une logique rigoureuse. Platon veut pour chacun la place que lui a destinée la nature ; ici c'est la même pour tous qu'on réclame.

De cette notion de l'égale liberté, comme majeure, et des faits ou objets divers que l'expérience nous suggère, comme mineure, on conclut par un simple syllogisme aux droits particuliers. Quelques-uns de ces faits ou objets sont inséparables de la notion même de l'homme ; tels sont sa vie, ses membres, sa pensée ; d'autres ne s'y rapportent que d'une manière accidentelle, par suite d'actes ou d'événements qui n'ont pas lieu également pour tous les hommes. De là la distinction des droits naturels ou innés et des droits acquis (*jura connata et acquisita*). Les premiers sont inaliénables ; l'exercice des seconds dépend de la preuve de l'événement qui les motive. Faiblement indiquée par Puffendorf et Thomasius, cette distinction est exprimée nettement par Wolf (*jus connatum homini ita cohæret ut auferri non possit*), et plus rigoureusement encore par Hoffbauer. Suivant Kant, il n'y a qu'un seul droit primitif, qui est l'égale liberté elle-même, ou, comme il la définit, le droit de n'être pas purement et simplement un instrument pour autrui. Mais il reconnaît néanmoins que certains droits dérivés ne présupposent que l'existence de l'homme, et s'en déduisent par la simple analyse logique ; tandis que d'autres s'y réunissent accidentellement, en vertu de certains faits extérieurs.

Le système du Droit naturel, fondé, comme la philosophie abstraite, sur la simple nécessité logique, a comme elle un caractère purement négatif ; il n'admet que ce qui ne pourrait pas ne pas être, étant posée la notion de la liberté extérieure. Cette notion elle-même est purement négative : l'homme ne doit pas être un pur instrument, un esclave.

L'analogie du Droit naturel et du Droit romain est généralement remarquée : il importe d'en préciser la cause et l'étendue. Les jurisconsultes romains admettent la notion de la faculté juridique, du droit individuel. Un droit étant donné, ils le considèrent isolément, et procèdent par analyse abstraite, par déduction logique. Jusque-là, nulle différence. Mais chaque droit, les jurisconsultes romains l'admettent tel qu'ils le trouvent tout fait et tout défini par les lois positives, par les mœurs, les besoins et les habitudes de leur nation, tandis que les docteurs du Droit naturel, poussant l'abstraction jusqu'au bout, ne reconnaissent comme légitime que leur définition creuse d'un être sensible et raisonnable, et ce qui s'en déduit sans autre secours que la logique. A côté du droit de l'individu, les Romains respectaient les droits de la chose publique; ils acceptaient les faits accomplis; à leurs yeux tout droit acquis (*jus quæsitum*) était inviolable. Voilà pourquoi le patricien était si impitoyable, le plébéien si modéré; celui-ci avait la conscience de sa révolte, celui-là ne semblait jamais que défendre sa légitime prérogative.

Ainsi ne procède point le Droit naturel. Il ne se contente pas d'amendements partiels; il n'accepte rien de ce qu'a produit l'histoire, et les droits acquis sont ceux qu'il respecte le moins : imprescriptible de sa nature, il prétend à tout instant faire table rase.

THÉORIE DES INSTITUTIONS.

La contradiction qui existe entre les deux principes de la philosophie abstraite, l'existence réelle du sujet pensant, et les formes abstraites, inactives de la raison pure, éclatent partout dans là théorie du Droit naturel et des diverses institutions qu'il renferme. De là l'opposition inconciliable de la loi juridique et du droit subjectif; de là le mépris des droits acquis, malgré la liberté humaine dont ils procèdent. La liberté est le principe du Droit naturel : mais la liberté, comme faculté réelle, agit et se modifie; comme notion abstraite, elle est et reste éternellement la même.

La vie, l'honneur, la capacité civile, tous les droits innés à l'homme, sont inséparables de la notion d'homme : ils ne peuvent donc pas ne pas exister. Mais s'ils sont compris dans ma liberté, il faut que j'en puisse disposer librement, il faut qu'ils puissent être aliénés. On ne sort point de ce dilemme, et un écrivain de premier ordre de cette école, Feuerbach, a tenu alternativement l'affirmative et la négative sur la question de savoir, si, tuer un homme de son consentement, c'était un crime (*volenti non fit injuria*).

L'égale liberté de l'homme, appliquée aux choses, produit ou le partage égal, ou l'usage alternatif, ou la communauté de tous les biens. C'est ce qu'ont admis, avec des modifications diverses, Grotius, Puffendorf, Thomasius, Nettelbladt. Kant, le premier, s'est attaché au principe contraire : chez lui la liberté de l'homme produit l'appropriation.

Même contrariété des principes pour la force obligatoire des contrats. La philosophie abstraite méconnaît le rapport historique qui lie la promesse à l'exécution. Hier, en promettant, j'ai pu mentir : la loi morale me réprouve, mais la loi juridique ne m'en punit point; aujourd'hui, et toujours, la notion de liberté exclut l'exécution forcée. Et de même que la convention n'oblige pas l'individu, la loi ne lie point la nation. Si vous vous attachez, au contraire, à l'existence réelle, à l'identité de la personne, pour déclarer les contrats obligatoires, la controverse recommence sur l'objet du contrat. Que les droits acquis, nés d'un fait, soient aliénés par un fait contraire, cela se conçoit aisément; mais que dire des droits naturels innés ? Si vous les déclarez aliénables, vous justifiez tout jusqu'à l'esclavage; si vous les déclarez inaliénables, tout commerce devient impossible entre les hommes, car il n'est pas de contrat, quel que soit son objet, qui ne restreigne, au moins sous un rapport et dans une certaine mesure, la liberté naturelle de nos actions. C'est pourquoi Hoffbauer limite l'inaliénabilité à ce point mathématique que Kant appelle le droit primitif, le droit de n'être pas esclave, de n'être pas un pur instrument pour autrui. Toute aliénation des droits naturels est donc valable, pourvu qu'on en réservé une portion si mince qu'elle soit, pourvu que l'aliénation ne soit pas absolue. Tel est aussi le sentiment de Fichte. Mais la difficulté n'est pas levée par cet expédient subtil :

car s'il y a identité de la personne et faculté de s'obliger, l'aliénation même absolue de mes droits est un effet de ma liberté; c'est sa propre volonté qui est faite à l'esclave contractuel; il n'est pas purement l'instrument de la volonté du maître.

Il n'y a qu'une solution possible à ces contradictions perpétuelles : c'est de reconnaître la volonté humaine comme une puissance réelle, créée par la libre volonté de Dieu, s'étendant aussi loin que Dieu l'a voulu, limitée par la destination que Dieu lui a donnée; mais étant, dans sa sphère, réellement libre, et aliénable par conséquent.

Les conventions tacites, le consentement présumé, sont l'hypothèse au moyen de laquelle le Droit naturel cherche à expliquer toutes les institutions qu'il ne peut ni nier, ni déduire de son principe : les successions, le droit de punir, la puissance paternelle, l'État lui-même. De là le contrat social : *nullum imperium sine pacto*. Il s'ensuit que l'existence et l'organisation de l'État dépendent du bon plaisir des individus; que l'État n'existe que par eux, suivant les formes qu'ils ont voulues, et pour la défense de leur liberté individuelle. Mais d'autres prétendront avec autant de raison, que de la notion d'égale liberté se déduit logiquement la nécessité d'un pouvoir qui la protége, et d'une organisation de l'État propre à la protéger. Cette controverse est interminable comme toutes les autres, et les docteurs du Droit naturel flottent entre ces assertions contraires. La plupart, par une inconséquence bizarre, font dépendre la formation même de l'État de la seule volonté des individus, tandis qu'ils en règlent exactement l'organisation et les formes suivant les corollaires nécessaires de la notion de liberté.

Tel est, dans ces traits principaux, le système du Droit naturel. Destiné à de si grandes hardiesses, on le voit à ses premiers pas en parfaite intelligence avec la théologie et la législation positives, qu'il ne s'agit encore que de justifier par la raison. L'esclavage même est encore admis par Oldendorp, Wolf et Hœpfner. Mais bientôt leurs successeurs entrent en guerre ouverte contre les institutions existantes; ils ne veulent plus admettre que ce qui découle logiquement des notions abstraites qui servent de principe à tout le système : notions inconciliables entre elles, qui jettent le Droit naturel dans de perpétuelles antinomies. Mais avant de le juger, il faut l'étudier encore comme partie intégrante de deux systèmes généraux de philosophie.

3. Systèmes de Kant et de Fichte.

SYSTÈME DE KANT.

Le système de Kant a son fondement dans la raison pure. Nous formons toutes nos connaissances au moyen de certaines formes et notions que nous ne puisons point dans l'expérience, mais qui, au contraire, la précèdent et seules la rendent possible ; l'ensemble de ces formes, de ces notions, de ces lois de la pensée, est la raison. Or, le problème à résoudre est celui-ci : la raison peut-elle nous donner *à priori* des connaissances qui ne soient pas déjà contenues analytiquement dans les formes et les notions qui la constituent ? y a-t-il des jugements synthétiques *à priori* ? Kant répond : oui, lorsqu'il s'agit de produire des objets qui n'existent point encore (des actions), lorsque la pensée prend la forme du devoir (raison pratique) ; non, lorsqu'il s'agit de connaître des objets existants (raison théorétique). Toutes nos connaissances théoriques, qui vont au delà des formes mêmes de la raison, supposent donc l'expérience : donc elles dépendent des formes nécessaires de toute aperception sensible (le temps et l'espace), qui ne sont elles-mêmes qu'une apparence, et manquent de vérité objective ; donc enfin nos connaissances théoriques ne sauraient atteindre l'essence des choses. Kant ne nie point l'existence de celles-ci, mais la possibilité pour nous de les connaître.

Le monde extérieur existe, autrement la diversité de nos connaissances serait inexplicable. Mais expliquer ce monde extérieur et variable par la raison invariable, est chose impossible ; Spinoza l'avait tenté, et l'incomplet de son système pouvait abuser sur le résultat définitif de l'entreprise : mais Kant était averti par l'exemple de Wolf et de son école. Ne pouvant nier le monde, et ne voulant admettre que la raison, Kant s'avisa de déclarer le monde, tel qu'il nous apparait, pour l'effet d'une illusion, et le monde objectif, l'essence des choses, pour inaccessible à notre intelligence. S'il nous était possible de nous dégager des formes subjectives de notre sensibilité, le monde nous apparaîtrait invariable comme la raison elle-même. Dans l'ordre moral, le libre arbitre est une illusion de notre subjectivité; la liberté véritable est dans l'accomplissement du devoir. La notion du devoir elle-même suppose la non-existence de l'acte qui doit être produit, et partant le changement; mais les lois de la raison pratique ne prennent cette forme impérative que dans le monde contingent des apparences. Indépendantes de tout mobile extérieur, réprouvant, comme contraire à la morale, le principe de l'amour ou du dévouement aussi bien que celui de l'intérêt, elles consistent dans la notion pure de l'absolu, avec les caractères de la généralité et de la nécessité qui lui sont inhérents. De cet absolu, la raison déduit non-seulement les prescriptions morales, mais encore le monde intelligible, Dieu, l'immortalité, le souverain bien. Dieu lui-même n'est qu'une conséquence de l'absolu, et lié à ses lois nécessaires, comme le Dieu de Spinoza. Ainsi, malgré leurs contrastes, en fait de morale surtout, les deux systèmes de Spinoza et de Kant se réunissent dans les conditions générales du rationalisme.

On reproche généralement à Kant plusieurs inconséquences, où il était inévitable qu'il tombât d'après les prémisses de son système. Et d'abord, synthèse et raison pure s'excluent. La raison pure ne procède qu'analytiquement : la logique ne peut rien déduire de la raison que ce qui est primitivement contenu en elle. La synthèse, au contraire, suppose changement, modification, augmentation d'une première connaissance au moyen d'une connaissance survenue du dehors. Aussi n'est-ce que par une inconséquence patente, qu'il tire de la raison pratique des connaissances synthétiques *à priori*. Sans doute il y a en nous une puissance du devoir, une voix de la conscience, qui gouverne nos actions, réclame certaines institutions et témoigne avec certitude de Dieu, de l'avenir, de la félicité. Mais c'est une puissance réelle, agissante, et non une forme abstraite et inactive de la raison. Son impulsion ne ressemble en rien à la nécessité logique. Kant usurpe sa vertu synthétique en méconnaissant sa nature intime.

De cette usurpation résulte une triple inconséquence. Premièrement, la loi de la généralité et de la nécessité n'est pas plus une prescription morale que les catégories ne sont à elles seules des connaissances spéculatives. De part et d'autre il faut un objet, et Kant l'emprunte ici à l'expérience : « Agis de telle sorte, que des êtres raisonnables puissent exister en conséquence d'une telle conduite. » Or, l'expérience seule nous apprend ce qui donne la vie ou la mort, le bien-être ou la souffrance. En second lieu, la raison subjective ne peut dicter primitivement que des actes individuels, et Kant méconnaît sa nature, lorsqu'il fait ordonner par elle, comme postulats à *priori*, des institutions générales et objectives, telles que l'État, la justice pénale, etc. [1]. Enfin, Kant prétend arriver par la raison pratique à ces connaissances théoriques à *priori* dont il avait d'abord, et avec raison, nié la possibilité dans son système. Il confond ici le futur et le présent, le devoir et l'être. Un des postulats de la raison pratique est, suivant Kant, que Dieu doit être ; mais en conclure avec nécessité que Dieu est, c'est forcer la conséquence. Autrement, de ce postulat de la raison pratique, que l'État doit être, il aurait fallu conclure aussi que l'État existe toujours et partout nécessairement.

Le rationalisme dogmatique, tant de Spinoza que de Wolf, avait conduit au rationalisme critique de Kant : celui-ci est le point de départ de tous les systèmes ultérieurs, à commencer par celui de Fichte. D'une part Kant discerne rigoureusement la pensée elle-même de son objet et ne s'occupe principalement que de la première, du mode de son exercice, de ses moyens, de ses procédés ; il est le fondateur de la philosophie transcendantale. Or, com-

---

[1] La loi morale me commande de maîtriser mes désirs ; la loi juridique ne s'adresse plus à moi, mais aux autres, ou, pour mieux dire, à personne : « Il doit exister un ordre de choses où ta volonté ne sera pas contrainte, où ta liberté extérieure sera respectée. »

ment la connaissance, non pas seulement celle de la vérité, mais une connaissance quelconque, est-elle possible? Comment ces deux mondes hétérogènes, la raison pure et l'objet, se réunissent-ils pour former en nous une conception quelconque, fût-elle fausse? L'aperception sensible ne saurait être le milieu où ils se pénètrent, car elle est totalement étrangère à la raison; et Kant aurait dû nier, non-seulement la vérité, mais l'existence même de nos conceptions. D'autre part, lorsque Kant n'admet comme vraie que la raison, et reconnaît néanmoins l'existence du monde extérieur, il déclare implicitement que, dégagé des illusions de notre subjectivité, ce monde n'est lui-même que la raison. Fichte n'eut donc plus qu'à tirer explicitement cette conséquence. Pour lui la raison n'est plus un ensemble de formes abstraites, mais la pensée comme faculté active, produisant également et ses propres lois et les objets. Alors aussi ces deux termes ont cessé d'être hétérogènes, et la possibilité de la conception est expliquée.

THÉORIE DU DROIT, SUIVANT KANT.

Là théorie du Droit a dans Kant un double caractère : elle est l'accomplissement du Droit naturel comme théorie rationaliste, mais en même temps elle est un point d'arrêt dans le développement du principe subjectif du rationalisme.

Les devanciers de Kant empruntent encore, sans s'en rendre compte à eux-mêmes, plus d'une prémisse à l'expérience. Kant n'admet rien dont il n'ait démontré, ou dont il ne se persuade avoir démontré la nécessité logique. La liberté extérieure est dérivée de la notion de l'absolu, du général, du nécessaire. La raison veut qu'elle-même et elle seule détermine toutes nos actions; toute détermination étrangère doit donc être écartée : en nous, la passion, le désir; hors de nous, la violence extérieure. De là la loi morale ou la coërcition de nous-mêmes, et la loi juridique ou la coërcition d'autrui, autrement dit la liberté extérieure. Celle-ci devient alors le *criterium* de toutes les institutions particulières : une institution n'est justifiée que lorsque

son contraire serait destructif de la liberté extérieure. Aussi Kant
n'admet-il que comme moyens pour le maintien de cette liberté
toutes les institutions qui, réellement, n'en dérivent point, et dont
néanmoins aucun État ne saurait se passer, telles que les finances,
l'instruction publique, les lois de police, etc. Depuis Kant, le
Droit naturel, déduit jusque-là logiquement, il est vrai, mais de
quelqu'un des besoins réels de la nature humaine, prend le nom
de Droit rationnel, comme déduit uniquement de la raison.

Mais la liberté extérieure est, dans le système de Kant, la
liberté de la raison, plutôt que celle de l'homme : la raison
établit avec nécessité ce qui dérive de la notion de la liberté
extérieure. L'État est un impératif de la raison, et non une convention des hommes. La notion du pouvoir est contenue dans
la notion de l'État ; le pouvoir est inviolable, et Kant s'indigne
du jugement de la nation française sur son roi. Le droit subjectif n'est pas une faculté positive, mais une sphère indifférente
entre la défense et le commandement. L'homme en soi, l'humanité a des droits aussi bien que l'individu. La raison réclame la
peine, non comme moyen de sûreté et de défense, mais comme
redressement d'une inconséquence logique par le talion.

La raison domine l'homme individuel, qui est relégué dans le
monde phénoménal, avec son libre arbitre, que Kant distingue
si soigneusement de la liberté véritable. Mais il n'est point méconnu, et Kant lui réserve une part, quoique assez arbitraire,
dans son système. Ce dualisme inconséquent, dont les deux
termes sont tenus, jusqu'à un certain point, en équilibre, appe-
lait une solution scientifique, en même temps que l'exaltation
de la liberté individuelle poussait au système de Fichte.

SYSTÈME DE FICHTE.

Le rationalisme entre dans une phase nouvelle de son développement. Pour Fichte la raison n'est plus l'ensemble des formes
de la pensée, mais l'être pensant, le *moi*, la conscience de soi-
même. Tout le reste, les choses extérieures aussi bien que les

formes de la pensée, n'existent point par elles-mêmes, mais uniquement pour *moi*, comme conceptions. La loi nécessaire du *moi* est de s'opposer à lui-même, comme sujet, un objet, le *non-moi*; ou plutôt, la notion même du *moi* contient primitivement le *non-moi*; le *non-moi* n'est encore que le *moi* s'opposant à lui-même dans l'identité de la conscience. Si le *moi* réel ou l'objet précède, c'est connaître; si le *moi* idéal ou le sujet, c'est agir. La connaissance est nécessaire, l'action est libre. Telles sont les bases de l'idéalisme subjectif de Fichte.

Il s'ensuit qu'il ne suffit plus ici de déduire un ensemble de règles rationnelles servant de loi aux faits extérieurs : ces faits eux-mêmes, tels qu'ils apparaissent dans la conscience de l'homme, doivent être déduits de la notion du *moi*, ou posés par lui dans un seul acte identique.

Il s'ensuit encore que la méthode admise par l'école de Wolf, par les docteurs du Droit naturel et par Kant même, est repoussée par le système de Fichte. Plus de syllogisme, plus de conclusion tirée de deux prémisses hétérogènes, la règle rationnelle comme majeure et une donnée quelconque comme mineure, mais une production indivisible de la pensée active. La loi morale est la liberté même; le devoir est le besoin de spontanéité absolue.

Le système de Fichte répond donc au motif intime du rationalisme, puisque l'homme est affranchi de toute dépendance du monde extérieur par la négation de ce dernier. Il satisfait en même temps à l'unité scientifique, puisqu'il fait tout dériver d'un principe unique, la raison ou le *moi*. Mais par cela même il détruit de nouveau son propre ouvrage : l'homme n'obéit, il est vrai, qu'aux lois de sa nature; mais ces lois elles-mêmes sont nécessaires, et elles enchaînent l'essor qu'allait prendre sa liberté. Par là Fichte reste dans les conditions générales du rationalisme, et se rapproche même de Spinoza, malgré l'opposition constante qu'offrent dans tous leurs résultats les deux formes du rationalisme, dont ils sont les représentants extrêmes.

Mais le *moi* de Fichte, c'est le *moi* individuel; et tout partisan rigoureux de sa philosophie devrait se tenir pour le centre

3

et la cause de l'univers. La coexistence de plusieurs *moi* est impossible, ou du moins il ne pourrait y avoir aucun contact entre eux, puisque le *non-moi* n'est qu'une conception du *moi*, sans existence indépendante de lui. Fichte ne s'avoue pas lui-même cette conséquence de sa doctrine, car elle mène à la démence; mais la preuve que c'est bien le *moi* individuel, et non le *moi* universel ou Dieu, qu'il entend, est d'abord, que cette substitution de termes a seule produit le système postérieur de Schelling; elle se trouve ensuite dans sa théorie juridique tout entière.

THÉORIE DU DROIT, SUIVANT FICHTE.

Par Kant, le Droit naturel est complété comme théorie rationaliste; par Fichte, comme théorie subjective. La liberté juridique ne dérive plus de la raison pratique, mais de l'existence réelle du *moi*. Elle n'est plus la notion de l'égale liberté de tous, mais la liberté primitive de l'individu. Elle n'est point une injonction, mais un fait : le *moi* réel se pose comme libre, et ne se connaît que comme tel; la liberté est une nécessité philosophique, et non morale. Cette liberté primitivement illimitée de l'individu est le fondement de la théorie du droit suivant Fichte.

Le *moi* réel pose le *non-moi*; s'il pose d'autres êtres raisonnables, il ne peut les concevoir que doués pareillement d'une liberté primitive et illimitée. Il obtient d'eux la reconnaissance de sa liberté en la modérant, en reconnaissant la leur. La réciprocité des droits, voilà la loi juridique.

Fichte a donc nettement séparé la morale et le droit; le premier il a pu leur donner des principes distincts sans inconséquence. D'une même loi, d'une même notion, on ne peut tirer des conséquences contraires; mais le *moi*, l'existence vivante, peut, par sa nature même et sans inconséquence, manifester son activité de manières diverses. L'impulsion du *moi* vers le devoir fonde la morale; la puissance actuelle de sa liberté fonde le droit. La morale dit : Aime le devoir pour le devoir; le droit dit : Aime-toi par-dessus toutes choses et les autres pour toi-même.

Mais voici une autre conséquence de ce système. L'impulsion du devoir oblige ; mais la liberté ne peut se restreindre que librement : toute limitation extérieure l'anéantit. Le droit primitif, le droit naturel, c'est la puissance illimitée. La réciprocité des droits n'a donc rien d'obligatoire : elle est un conseil, une règle de conduite pour le *moi* libre, dans le cas où il veut être conséquent. La loi juridique n'est point proprement pratique, mais technique. La propriété, la famille, tous les droits sur quoi que ce soit, n'existent que par convention. L'État lui-même, son existence aussi bien que son organisation, dépendent d'un contrat. C'est un problème à résoudre pour arriver d'une manière conséquente à la protection de la liberté. Si l'individu peut être contraint à entrer dans la société, c'est parce que la force réunie des associés triomphe de la sienne.

La loi juridique dépend du bon plaisir de l'homme ; mais elle n'existe aussi que pour l'homme. Il n'y a plus ici, comme dans Kant, de droits de l'humanité, de l'homme en soi, de la raison : il n'y a que l'individu, la personne, qui puissent avoir des droits. Car le principe du droit c'est la liberté indéfinie du *moi* individuel.

Ainsi bien des difficultés, bien des inconséquences des systèmes précédents sont évitées : mais en revanche le droit a cessé d'être véritablement un droit ; il n'est plus qu'un fait. La coërcition est expliquée par la puissance réelle du *moi* ; mais en revanche elle est destituée de toute sanction morale. L'État même ne la lui donne point, car l'État dépend d'un contrat, et ce contrat, de ma convenance.

Mais, même comme simple fait, la réciprocité des droits est une inconséquence dans le système de Fichte. Si la liberté illimitée de l'individu est le principe, la loi juridique peut bien conseiller à l'individu de se modérer, de se restreindre par prudence, tant qu'il est faible ; mais elle doit ajouter aussitôt ce conseil plus direct et plus essentiel : Fais que ta liberté, qui est primitivement illimitée, et à laquelle ton *moi* n'oppose la liberté des autres que pour acquérir la conscience de la sienne propre, soit en effet une liberté illimitée par son triomphe sur celle des autres. Sous ce rapport la pratique a été plus conséquente que la spéculation. Il y a longtemps qu'on a remarqué le parallélisme de la philosophie allemande avec les périodes de la révolution française. Le principe de l'égale liberté de tous, proclamé par Kant, a présidé à la première période, qui aboutit à la république. Le système de Fichte semble avoir présidé à la seconde, qui aboutit à Napoléon.

4. Jugement du droit naturel.

Sous le rapport de la méthode, le rationalisme n'a atteint son complément que dans Hegel; mais le Droit naturel peut être considéré comme clos avec Fichte, parce que le besoin de liberté, mobile secret de la philosophie abstraite, a trouvé en lui toute la satisfaction qu'il pouvait obtenir. Dans les systèmes suivants de Schelling et de Hegel la philosophie abstraite continue; mais il y a réaction évidente contre le motif originaire de l'abstraction.

CRITIQUE LOGIQUE OU NÉGATIVE.

Il est aisé d'affirmer *in abstracto* que tout provient d'une loi unique et nécessaire; que celle-ci (qui est Dieu) renferme en elle-même l'univers en vertu de sa nature même; que partant rien n'a pu être que ce qui est, et que ce qui est a dû être nécessairement. Cette solution semble même de prime abord la plus simple, et peu de gens s'avisent, en l'admettant, de vérifier comment il est possible de tout ramener à cette loi nécessaire, de tout expliquer par elle. Et pourtant celui qui l'aurait découverte saurait tout *à priori*, l'avenir même lui serait dévoilé, car il n'y aurait partout pour lui que les corollaires nécessaires d'un principe nécessaire. Eh bien ! le rationalisme s'est développé sous toutes les formes, il a eu d'illustres représentants; mais cette précieuse découverte n'a point été faite. Spinoza s'est dispensé de l'entreprendre; Fichte, Schelling, Hegel, y ont échoué; Kant en a désespéré. C'est qu'en effet elle est impossible; il implique de poser un tel problème.

La science ne saurait renoncer à l'unité, mais la variété est,

d'autre part, un fait incontestable, et qu'il s'agit d'expliquer,
Comment cette variété se concilie-t-elle avec l'unité rationnelle?
Spinoza, Fichte, Hegel, déduisent la variété de l'unité même;
Kant et l'école qui l'a précédé, admettent une matière multiple,
par l'effet de laquelle la raison une et simple se manifeste diver-
sement. Or, la première explication renferme une pétition
principe, la seconde une conclusion illégitime.

Un principe unique et simple, procédant toujours suivant une
seule et même loi, produira éternellement le même, jamais le
multiple. Si donc Spinoza reconnaît à sa substance absolue des
affections diverses; si Fichte déduit du *moi* le *non-moi*, qui est
tantôt une plante et tantôt un animal, tantôt un homme et tantôt
un autre, il faut que la substance absolue et le *moi* aient été eux-
mêmes des notions complexes, et alors l'unité rationnelle du
principe n'existait point.

D'un autre côté la raison et la matière sont des notions hétérogènes, qui se rapprochent sans se combiner. La matière est
variée, mais la loi logique qui s'y applique ne se diversifie point:
elle reste simple et une, et cette unité de la pensée ne ramène pas
davantage à l'unité la variété de la matière.

Kant avait senti profondément cette impuissance de la raison:
sans la matière point de variété; hors de la raison point d'unité;
et entre la raison et la matière nulle combinaison possible. Aussi
Kant renonce-t-il à expliquer l'univers par la raison théorétique;
s'il s'adresse à la raison pratique, c'est par une inconséquence
déjà signalée plus haut; et encore ne peut-il admettre la variété
que dans le monde phénoménal, dont l'existence est inexpliquée
dans son système.

Les mêmes difficultés se retrouvent dans la théorie spéciale
du Droit naturel. Est-il légitime de déduire, avec Fichte, de la
notion vide et simple du *moi* toutes les relations diverses auxquelles la loi juridique s'applique? Le *moi* suppose le *non-moi*;
mais de cette notion abstraite du *non-moi* il y a loin à l'existence
précise des autres hommes. Il faut que le *moi* puisse entrer en
communication avec le *non-moi*; mais de la notion abstraite d'un

moyen, d'un organe quelconque, propre à établir cette communication, il y a loin encore à la constitution précise du corps
humain, avec ses membres, ses fonctions, ses besoins divers,
tels que l'observation nous les fait connaître. En un mot, entre
l'abstrait et le concret il y a un abime infranchissable, que Fichte
a constamment méconnu. Les docteurs du Droit naturel et Kant,
au contraire, ne déduisent de leur principe rationnel que les prescriptions morales et juridiques, et les appliquent, par voie de syllogisme, aux faits moralement indifférents que l'expérience suggère :
mais ils font constamment de ces prescriptions une application iné-
gale. La loi morale de Kant est la généralité et la nécessité, c'est-
à-dire une conduite conséquente. Mais la conséquence est possible
dans l'immoralité comme dans le bien : pourquoi Kant ne la cher-
che-t-il que dans le bien? La loi juridique est l'égale liberté de
tous : il en déduit entre autres la monogamie, parce que la pluralité des femmes ferait de celles-ci de purs moyens, des esclaves;
mais pourquoi ne fait-il pas le même raisonnement pour exclure
la pluralité des domestiques? C'est que la nature des choses y
répugne; c'est que, par une pétition de principe perpétuelle, le
rationalisme emprunte tacitement à la réalité, qu'il devrait ignorer
en vertu de sa méthode, des faits, au moyen desquels il développe,
modifie et corrige son principe; c'est qu'après avoir proclamé qu'il
n'y a de vrai que ce qui est nécessaire, de nécessaire que ce dont
le contraire serait absurde, la philosophie abstraite donne toute
chose, dès qu'elle n'est pas absurde elle-même, pour vraie et
pour nécessaire.

Le nerf du rationalisme est dans cet axiome de Spinoza, que,
la cause étant donnée, l'effet s'ensuit fatalement. Dès lors toute
production est nécessaire; il n'y a d'autre méthode que la déduction analytique, et l'analyse d'un principe simple exclut éternellement la variété, la multiplicité; si donc la multiplicité existe,
et si l'unité est la condition irrémissible de la science, il faudra
admettre un autre principe que les formes abstraites et inactives
de la raison. Il faudra n'employer celles-ci que comme *criterium*
négatif, afin d'exclure l'absurde; l'instrument positif de la vérité

sera l'ensemble des facultés actives de notre intelligence, et le vrai aura sa réalité objective : pour le connaître, il faudra le chercher, non dans l'intelligence, mais par elle.

Il y a plus : non-seulement la philosophie abstraite échoue dans son explication de l'univers, mais son principe ne saurait donner aucune certitude. Kant rejette la preuve ontologique de l'existence de Dieu, parce que la notion d'être absolu ne renferme pas nécessairement l'existence réelle et actuelle de cet être. En cela Kant fait abstraction de l'existence réelle du sujet pensant, où l'on pourrait voir une garantie de l'existence de l'être : Dieu est, aussi vrai que je suis. Mais c'est là une bien vaine assurance dans la bouche d'un homme mortel, d'un être contingent, qui n'est pas sûr d'exister l'instant après celui où il parle.

Le Droit naturel, déduit de la philosophie abstraite, ne peut donner qu'une certitude subordonnée à l'existence temporaire d'une créature contingente; par sa méthode, il est incapable de concilier les conditions indispensables de l'unité et de la variété; enfin il aboutit, ainsi que cela a été développé plus haut, à des conséquences nécessairement contradictoires. En partant avec Kant de la loi rationnelle, on établit le despotisme logique; en partant avec Fichte de la liberté réelle de l'individu, on organise l'anarchie et légitime l'usurpation. Aussi les docteurs du Droit naturel entremêlent-ils, sans s'en rendre compte, ces deux principes, et le plus précis, le plus rigoureux entre tous, Feuerbach, jurisconsulte et philosophe à la fois, reconnaît qu'ils sont également réclamés par la science. Or, comment les concilier? Feuerbach confesse que c'est impossible : il faut bien qu'ils dérivent l'un et l'autre de la raison, puisque toute vérité a son fondement en elle; mais comment? on l'ignore. Étrange mystère, que le rationalisme n'est en droit d'imposer à personne, et qu'il ne peut admettre lui-même sans se détruire.

CRITIQUE RÉELLE OU POSITIVE.

La philosophie abstraite est réfutée par sa propre méthode; le Droit naturel est réduit à l'absurde. Après cette critique purement négative, il convient d'examiner aussi quels sont les effets positifs de cette théorie sur la vie, ses résultats pour la satisfaction des besoins réels de l'humanité.

L'impulsion du devoir est quelque chose d'essentiellement différent de la connaissance du vrai. Le rationalisme méconnaît cette différence : la justesse logique est substituée à la justice, au bien ; l'immoralité n'est qu'une inconséquence. Bien plus, la nécessité logique détruit la liberté humaine, et avec elle l'autorité de la conscience, la possibilité du devoir, la différence du bien et du mal.

La vertu toute négative du rationalisme consiste à ne point violer la loi, à ne pas commettre une inconséquence. Ou il y a transgression, ou il n'y en a point ; la loi ne peut être observée plus ou moins ; si elle l'est moins, elle ne l'est pas. Mais la charité, mais la foi, mais toutes les vertus positives, que le rationalisme réprouve ou dessèche, sont au contraire des énergies spontanées, inépuisables, susceptibles de degrés infinis et d'une progression illimitée.

Ce caractère purement négatif se retrouve dans le Droit naturel comme dans la morale du rationalisme. Ce prétendu Droit normal n'est point un idéal, un type de perfection, une législation modèle, mais ce dernier terme de l'abstraction, qu'on ne saurait plus éliminer sans détruire la notion même du droit. Cette notion exclut ce qui est absolument destructif du droit ; mais elle n'exclut pas moins toutes les institutions diverses et fécondes que les législations positives, la plus imparfaite comme la plus sublime, contiennent au delà des dernières limites de l'abstraction. Celles-ci sont éternellement les mêmes, et le Droit naturel n'est susceptible d'aucun progrès. La plus haute conception du droit rationnel de Kant, c'est la paix perpétuelle, autrement dit, la négation de la guerre, la négation de la destruction.

Si le Droit naturel a été néanmoins embrassé avec ardeur par tant de hautes intelligences, s'il a excité un si vif enthousiasme parmi les masses, c'est qu'il promettait satisfaction, tout en faussant leur nature, à deux grands besoins de l'homme, la liberté et l'égalité.

Le Droit naturel n'arrive à l'égalité absolue que parce que la liberté qu'il réclame également pour tous, est une liberté purement négative, le droit de n'être point esclave, de n'être pas un pur moyen pour autrui. Mais la liberté que Dieu a destinée à l'homme est une faculté positive, riche, variée dans ses formes, indéfinie dans ses progrès : elle est susceptible de plus ou de moins. L'égalité finale des hommes est dans la destination commune que Dieu nous a donnée : tous nous sommes créés à l'image de Dieu, tous nous sommes appelés à devenir parfaits comme le père céleste est parfait. En même temps l'inégalité temporaire est justifiée, non dans toutes les formes qu'elle a affectées dans l'histoire, mais en thèse générale, par l'imperfection de la condition actuelle des hommes, de l'humanité comme des individus. Enfin, l'égalité du Droit naturel tend à niveler les sommités; l'égalité véritable tend à élever les classes inférieures.

A ces résultats pratiques du Droit naturel, comme théorie rationaliste, il faut ajouter ceux du point de vue subjectif. La liberté de l'individu, le droit de l'individu, voilà le point de départ : tout principe supérieur est proscrit. L'harmonie et la dignité de l'organisation sociale sont sacrifiées. Les crimes qui ébranlent les bases même de la société, mais ne portent atteinte à aucun droit individuel, sont absous. La sainteté du mariage est profanée. Les restrictions au droit de propriété, même pour les choses que la nature a destinées à l'usage d'une suite de générations, comme les forêts, semblent une tyrannie. Les nations sont des agglomérations fortuites, des associations arbitraires, subordonnées à la volonté des individus. La souveraineté du peuple se substitue à la souveraineté de la nation en corps. Le pouvoir n'est légitime que par le consentement. « La loi de la pluralité des suffrages est elle-même un établissement de convention, et suppose au moins une fois l'unanimité.[1] »

Est-ce à dire que le rationalisme n'a produit aucun bien, qu'il ne renferme aucune étincelle de vérité? Loin de là : l'abstraction a son motif légitime; elle a affranchi l'homme des forces inintel-

[1] Contrat social, chap. III.

ligentes de la nature. L'homme a toujours eu le sentiment de son existence dépendante, créée, finie; mais il ne pouvait voir l'infini, le Créateur, dans ce tout complexe et inerte, qui est l'univers : l'unité et la personnalité lui manquent. Spinoza cherche l'unité dans la raison inactive et impersonnelle, qu'il trouve en lui-même, mais qu'il révère comme un être supérieur. Depuis Spinoza jusqu'à Fichte la marche régulière de la philosophie a conduit à cette conséquence, désormais acquise à la science, que la personnalité, la conscience de soi, la causalité véritablement active, peuvent seules servir de principe. Il ne reste donc plus qu'à reconnaître le Dieu personnel au-dessus de la personnalité humaine.

L'abstraction a de même affranchi l'homme de l'empire des forces inintelligentes de la société. L'homme ne sert plus d'instrument à la cité : c'est son bonheur, c'est sa liberté qui sont le but. La constitution la plus parfaite, l'organisation la plus harmonieuse de l'État n'ont de valeur qu'autant qu'elles sont mises en mouvement par le concours libre et intelligent de la personnalité humaine. La qualité d'homme, la dignité humaine, l'humanité dans l'acception la plus pure et la plus élevée du mot, précèdent et dominent les formes plus ou moins étroites des sociétés civiles ou religieuses, des classes et des conditions dans chaque société particulière. En vain la réaction provoquée par les excès qui accompagnèrent ces précieuses conquêtes, porte-t-elle quelques-uns à faire de nouveau l'apologie de la servitude au nom de l'histoire, du fanatisme au nom de la religion. Elle est impuissante contre ce qu'il y a d'éternellement vrai dans les tendances aujourd'hui si décriées par les uns, si dénaturées par les autres, du libéralisme. Seulement au-dessus de la liberté et de la personnalité de l'homme, il y a une personnalité plus haute, dont la volonté est sa loi.

III. *Théories pragmatiques.*

1. LA POLITIQUE MODERNE :

MACHIAVEL ET MONTESQUIEU.

Chez les modernes, le Droit naturel et la politique sont des sciences non-seulement distinctes, mais complétement séparées. Le Droit naturel ne tient aucun compte des faits et des moyens d'exécution; les politiques, au contraire, n'étudient que ces derniers, et se soucient médiocrement du but pour lequel l'éthique autorise ou réclame leur emploi. Le Droit naturel dérive de la raison; la politique, de l'observation; et le rationalisme fait de ces deux sources de nos connaissances des principes totalement étrangers et même opposés l'un à l'autre.

Néanmoins la politique moderne offre plus d'un trait de res-semblance avec le Droit naturel. Et d'abord le mobile secret des sociétés modernes y fait prédominer le point de vue subjectif : de là le choix arbitraire du but qu'elle se propose. Aristote, dans sa Politique, observe les faits pour découvrir les fins de la nature; les politiques modernes observent aussi les faits, mais pour dé-couvrir les moyens d'atteindre leurs propres fins. La politique d'Aristote est téléologique, celle des modernes pragmatique. Ainsi Machiavel a systématisé la politique italienne de son temps : ce qui le mène à ses fins lui semble légitime. Une seule chose le préoccupe : dans ses Discours, les moyens quelconques de main-tenir la constitution républicaine; dans son Livre du Prince, les moyens quelconques de rester le maître. Les sentiments d'honneur empreints dans son propre caractère et dans celui de sa nation, ont préservé Montesquieu d'un tel excès. Mais dans l'Esprit des lois aussi, tout ce qui a sa fin en soi-même, l'honneur, la vertu, la religion, n'est considéré que comme moyen de la conservation de telle ou telle forme de gouvernement.

Montesquieu, par l'universalité comme par la sagesse, la mo-dération de son génie, brille au premier rang des écrivains politiques. Suivant lui, le but général de tout État, de toute constitution, c'est la force et la sûreté du gouvernement. Il admet en outre que chaque État peut se proposer, selon ses ressources et les circonstances où il est placé, une fin particulière. La fin la plus sublime est, à ses yeux, la liberté politique, qu'il croit réalisée par la constitution anglaise. Mais cette liberté est purement négative, comme la liberté des docteurs du Droit naturel : elle consiste dans l'impuissance du gouvernement de nuire aux citoyens; elle est obtenue par l'équilibre des pouvoirs, c'est-à-dire par une action purement mécanique, fatale dans ses effets, comme la loi logique, qui fonde le Droit naturel, est nécessaire dans ses conséquences. Montesquieu avait trop d'esprit pour se figurer qu'une forme de gouvernement quelconque pût se mouvoir et se maintenir entièrement par elle-même; mais le système devait arriver à ses conséquences extrêmes : de là l'équilibre européen et le mécanisme gouvernemental.

La valeur négative des formes constitutionnelles est incontestable. Mais il y a loin de la juste confiance de l'homme qui a pris toutes les précautions qu'il est possible de prendre sans paralyser l'activité humaine, à la circonspection peureuse de celui qui ne risque rien s'il n'est assuré contre toutes les chances. Un siècle religieux supplée à l'insuffisance des formes par les garanties morales qu'il trouve dans les sentiments d'honneur, dans la vertu, dans la crainte de Dieu; il y supplée encore par sa confiance dans la conduite de la Providence sur les destinées humaines. Mais le politique obligé de tout calculer, de tout assurer, ne peut renoncer à l'emploi d'aucun moyen quel qu'il soit, sans compromettre l'existence et la sûreté de l'État. Ainsi s'explique Machiavel. Le machiavélisme, en politique, et le spinozisme, en philosophie, sont la première manifestation, avec ses conséquences extrêmes, d'une même aberration de l'esprit humain isolé de Dieu et réduit à lui-même.

———————

Dans ces derniers temps, Hugo a fait faire un pas de plus aux théories pragmatiques. Dans sa *Philosophie du Droit positif* il recherche, non les effets que produisent les institutions et les lois comme moyens pour une fin donnée, mais les effets quelconques de chaque institution, de chaque loi. Ici se présente donc la question de savoir, si l'effet produit par elles influe sur leur justice; autrement dit, si la considération de l'utilité rentre dans l'éthique.

2. RAPPORT DU JUSTE ET DE L'UTILE.

Ce qui m'est utile, ce qui sert mes fins, est juste, est légitime: telle est l'aberration extrême du point de vue pragmatique; car il faut, avant tout, que la fin soit bonne en elle-même. Mais fût-elle excellente, il ne s'ensuit pas encore que tout moyen propre à l'atteindre soit légitime; il ne s'ensuit pas que négliger l'emploi de ce moyen soit un acte répréhensible, ni qu'un acte légitime en lui-même devienne condamnable, lorsqu'il produit des effets nuisibles.

Le Droit naturel et la morale rationaliste ne tiennent aucun compte des effets, parce que la philosophie abstraite repose exclusivement sur la catégorie du principe et de la conséquence, et méconnaît celle de la fin et du moyen. Un but, une fin, et un moyen pour l'atteindre, supposent l'intention, la résolution d'une personne, soit l'homme, soit Dieu; une fin peut être obtenue par des moyens divers, entre lesquels un choix est possible; le moyen, enfin, a une valeur relative à la fin, mais il a aussi sa valeur propre et indépendante. Le principe et la conséquence sont au contraire dans un rapport fatal, nécessaire, et la conséquence n'est rien sans son principe, elle n'est que ce même principe énoncé d'une manière différente.[1]

Mais cette théorie abstraite mène à un rigorisme puérile. Dans une élection le plus digne n'a point de chances : faut-il néanmoins voter pour lui, ou reporter ma voix sur le plus digne après lui ? Ce dernier parti est seul raisonnable. Donc l'effet, le résultat, doit peser dans la balance. Donc la fin légitime les moyens. Ainsi d'un extrême on s'est jeté dans l'autre.

[1] Hegel a totalement méconnu le vrai rapport du moyen à la fin, et l'a identifié avec celui du principe et de la conséquence. Droit naturel, p. 144.

Entre ces deux théories exclusives, d'autres ont tenté d'établir une hiérarchie des droits et des devoirs subordonnés les uns aux autres. Ainsi, dit-on, la vie des hommes passe avant la propriété, la chose publique avant les particuliers. Mais la conscience générale de l'humanité est peu satisfaite par cet expédient. Il est bien de prendre une barque, contre le gré du propriétaire, pour sauver un homme qui périt dans les flots; il est criminel de voler du pain pour nourrir un malheureux mourant de faim. On admire Timoléon, et l'on abhorre la morale des Jésuites. L'on est ainsi entraîné dans des distinctions si déliées, dans une casuistique si subtile, que toute règle un peu générale devient impossible. Aux règles abstraites, plus ou moins générales, il faut donc substituer l'injonction positive, concrète, d'un acte précis et en quelque sorte individuel.

Cette injonction concrète et précise se conçoit dès qu'elle est dictée par une conscience vivante, comme celle de l'homme. Pour l'élever en même temps au-dessus de l'arbitraire des convictions subjectives, pour lui donner la généralité et l'objectivité, il n'y a plus qu'à substituer à la conscience de l'homme la volonté de Dieu.

En théorie, l'utilité et la justice doivent concourir et s'accorder dans tout acte : il faut qu'il soit bien en soi et utile dans cet enchaînement de causes et d'effets au moyen duquel la Providence conduit les hommes à leur destination. Dans l'application, cet accord idéal n'existe pas toujours; des dissonances sont quelquefois inévitables. L'homme individuel doit alors, comme en toutes choses, suivre sa conviction : que si elle est erronée, son choix est excusé, mais non justifié par la sincérité et la pureté de ses intentions. L'opinion publique, la conscience générale des contemporains n'est même pas toujours l'organe définitif de la justice objective : celle-ci réserve souvent à la postérité le jugement des actions humaines.

3. ORIGINE DU DROIT POSITIF.

Les docteurs du Droit naturel et les politiques modernes s'accordent dans leur explication de l'origine du Droit positif. A les

en croire, tout, dans la législation comme dans l'ensemble des événements historiques, procède de la volonté arbitraire de l'homme.
Les législateurs des Juifs, de la Grèce et de Rome, ne sont pas
seulement des sages, supérieurs à leur siècle, mais indépendants
de lui; libres, ou peu s'en faut, des préjugés de leur nation, et
obligés seulement de les ménager dans leurs lois. Montesquieu
lui-même, qui a si admirablement observé les effets des lois dans
l'histoire, n'a pu s'élever aux véritables causes de leur établissement.

Montesquieu, il est vrai, insiste beaucoup sur l'influence du
caractère national. Mais c'est là une remarque sans conséquence.
Ce que Montesquieu appelle le caractère national, n'est que la
réunion de quelques traits plus ou moins saillans dans le tempé-
rament ou la tournure d'esprit des individus d'une même nation;
c'est, chez les Français, la gaîté et la sociabilité; chez les Grecs,
le sel attique des uns, le laconisme des autres. C'est le caractère
des individus isolés d'une nation, né de mille influences diverses
et plus ou moins accidentelles, le climat, les lois positives, les
exemples, les mœurs, les usages, la religion. Le véritable caractère national, au contraire, le caractère de la nation en corps,
est dans sa conscience commune, dans sa tendance générale vers
un but déterminé, comme la beauté idéale et l'organisation harmonique de la cité, chez les Grecs; l'empire du monde, chez les
Romains; la hiérarchie des classes et des corporations, chez les
nations européennes au moyen âge. En un mot, le véritable caractère d'une nation, c'est sa vocation providentielle.

Mais si l'histoire n'est que le jeu ou la lutte des volontés ca-
pricieuses des hommes, les lois aussi ont une origine arbitraire,
et leur sainteté est un vain mot. Si le législateur consent à main-
tenir quelques lois anciennes, ce n'est point par respect pour ce
qu'elles commandent, c'est de peur d'ébranler en même temps
le respect qu'il voudrait obtenir pour les siennes. Mais bientôt
il s'enhardit, et la législation devient une science expérimentale.

C'est contre cette explication fausse de l'origine du Droit positif, et ses conséquences pratiques, que s'est élevée, parmi les

jurisconsultes allemands, l'École historique. Par elle le point de vue historique a commencé d'animer de nouveau la philosophie du Droit.

IV. *Transition aux théories historiques.*

Quand une fois il est certain que l'on a fait fausse route, on revient presque toujours sur ses pas. La philosophie abstraite avait tout rapporté à l'homme, à l'individu, à sa volonté ; non-seulement elle avait rompu les liens sacrés et invisibles qui nous unissent à Dieu : de conséquence en conséquence, elle était arrivée à rompre de même ceux qui maintiennent les sociétés, la famille et l'État. Mais l'empire que la société exerce sur les individus est à la fois une nécessité morale et une puissance de fait : ici donc on ne put s'aveugler longtemps sur la fausseté des conséquences, et leurs effets funestes firent découvrir le vice du principe.

Les écrivains contre-révolutionnaires combattirent le système du Droit naturel dans un intérêt de parti ; la philosophie allemande s'en dégagea dans un intérêt purement scientifique. Le principe d'une volonté objective, l'idée des organismes sociaux, distinguent les systèmes de Schelling et de Hegel des précédents. Toutefois ces causes supérieures à la volonté individuelle de l'homme ne sont point encore des causes intelligentes et libres : de là la ressemblance de ces systèmes avec la philosophie des Grecs, dont ils se distinguent néanmoins par deux points essentiels. D'abord ils contiennent déjà le germe du point de vue historique : aussi Schelling admet-il dans son système le développement progressif des sociétés. Mais d'un autre côté, le principe objectif est toujours encore un principe abstrait, qui pose ses conséquences suivant une loi nécessaire. La liberté divine, source véritable du développement historique, inconnue à la philosophie concrète des Grecs, est formellement exclue par les systèmes qui vont nous occuper. Par là ils se rattachent au rationalisme, dont ils forment la dernière période.

1. Système de Schelling.

Le système de Schelling dérive de celui de Fichte, et ne s'explique que par lui. Le *moi* individuel est remplacé comme principe par le *moi* absolu, qui, posant le *non-moi*, apparaît comme l'identité du réel et de l'idéal, de la puissance et de la science, de la nécessité et de la liberté. Le *moi* absolu, en tant qu'objet, se multiplie, se particularise, pour produire les hommes et les choses; en tant que sujet, il reste toujours un et général : il y a donc aussi identité du général et du particulier. Le *moi* absolu n'a conscience et connaissance que dans le *moi* empirique de chaque homme : mais cette connaissance pour chaque homme est générale et nécessaire.

Dans ce système, comme dans celui de Fichte, la possibilité de nos conceptions est expliquée, puisque le sujet et l'objet sont dérivés du même principe, et partant homogènes; mais en même temps l'objet est plus qu'une simple conception, puisque, posé par le *moi* absolu et non par le *moi* individuel, il a une existence véritablement indépendante de ce dernier. Il ne s'agit plus de montrer comment le *moi* individuel forme nécessairement toute la chaîne de ses conceptions, mais comment le *moi* absolu pose nécessairement l'échelle des êtres par l'évolution des puissances, par la combinaison du réel et de l'idéal. De là, d'abord, les règnes de la nature, et puis l'homme, et la succession des empires, les époques de l'histoire.

Mais le *moi* absolu est toujours la raison impersonnelle : comment ce principe unique et abstrait peut-il produire le changement, la diversité? C'est que le temps et l'espace sont les conditions nécessaires, non de notre subjectivité dans nos conceptions, mais de l'absolu dans son évolution, quoique ne se trouvant point dans l'absolu comme tel. Celui-ci est toujours le même au fond de toutes les variations de l'univers; et le devoir n'est que le retour du *moi* empirique à l'absolu. Aussi la méthode de Schelling n'est-elle point la démonstration logique au moyen du syllogisme, mais la construction au moyen de l'intuition intellectuelle : celle-ci est la faculté de reconnaître l'éternel dans le temps, le général dans le particulier, l'unité dans le multiple.

Le réel dans Spinoza, n'est qu'une conséquence, une affection de la substance : dans Fichte, il devient le principe même; dans Schelling, la réalité du *moi* subjectif est remplacée par la réalité du *moi* absolu, et prend par là une valeur objective. De là un principe de vie qui met en mouvement tout le système. Ce n'est plus, comme dans les théories précédentes, une idée unique retournée en tous sens et exprimée dans ses applications diverses, mais à chaque pas jaillissent en abondance des idées sans cesse nouvelles. Schelling ne procède plus par analyse, mais par thèse. On voit toute chose se produire, se développer, dans une évolution régulière et continue, qui échappe aux antinomies logiques, et ne manque pas des conditions de l'art.

Mais, tant que Schelling persiste dans les voies du rationalisme, cette vie n'est qu'apparente, et le panthéisme inévitable; car la réalité absolue dont il a fait son principe, n'a ni personnalité ni conscience d'elle-même. Dieu existe, mais il n'a conscience que dans la conscience des hommes. Il crée, mais sa création est nécessaire; elle est moins un acte qu'un événement; l'univers devient plutôt que Dieu ne le fait. La liberté de l'homme succombe, aussi bien que celle de Dieu, au fatalisme logique. Si, comme le rationalisme le prétend, il n'est rien que la raison humaine ne puisse connaître et déduire d'elle-même, toutes choses doivent être l'effet d'une cause nécessaire : car s'il y avait choix et liberté, comment la raison pourrait-elle se prétendre infaillible?

Voilà pourquoi Schelling tend de plus en plus à s'affranchir du dernier lien qui le rattache au rationalisme, et à poser comme *moi* absolu, non plus la raison impersonnelle, mais la personnalité de Dieu. Hegel, au contraire, persistant à admettre la nécessité logique et la raison impersonnelle, est obligé de se jeter dans le rationalisme objectif, abandonné depuis Spinoza.

THÉORIE DU DROIT, SUIVANT SCHELLING.

Le système de Schelling ne doit pas être considéré comme un système clos et arrêté : il est un effort continuel pour se dégager de son point de départ rationaliste, pour se développer librement vers le terme auquel il tend, et qui seul l'explique. Mais, bien que les écrits de Schelling sur le Droit appartiennent aux premiers temps de sa philosophie, on y voit déjà un progrès sensible. L'absolu, comme principe de l'éthique, devient la volonté générale, non la somme des volontés particulières, mais une volonté véritablement objective, qui se rapporte à la raison pratique et à l'homme en soi de Kant, comme l'absolu lui-même à la substance de Spinoza. La volonté est active de sa nature; la raison, fixe et immobile.

Cette volonté objective, dans l'évolution des puissances, produit nécessairement des types moraux, des associations juridiques, qui sont des totalités, des corps, des organismes sociaux. Au-dessus des règnes de la nature, viennent, dans le monde moral, la famille, et l'État, et l'Église; dans l'histoire, la transformation successive et régulière de chacun de ces organismes. L'État est l'organisme de la liberté, la plus haute manifestation de l'idéal dans le réel, de la vie spirituelle et libre dans une forme extérieure et nécessaire. Il est en même temps la plus haute représentation de l'identité du général et du particulier : car dans l'ordre public se réunit la foule des volontés particulières. Cette identité est absolue dans les républiques antiques; elle est disjointe dans les États modernes, où le monarque et le peuple s'identifient par l'action des pouvoirs intermédiaires. La science du Droit s'occupe de la construction de l'État.

Toute vie consiste en des forces qui se limitent l'une l'autre : ainsi la volonté objective peut produire et produit du même jet, et le droit individuel et la loi juridique, la contrainte et la faculté. L'État reprend sa valeur objective, supérieure aux volontés humaines, et il est soumis aux conditions de l'art. Par là toute la théorie du Droit naturel est renversée, et la théorie qui le remplace se rapproche des théories des Grecs, d'autant plus que le principe de la personnalité de Dieu manque encore. La moralité publique (l'État), quoique nécessaire et sans conscience d'elle-même, est supérieure à la moralité de l'homme. Dans l'homme, la personnalité et la conscience sont des formes inférieures, que l'État dépouille pour se rapprocher de l'absolu.

De ce système de Schelling, développé dans le sens de la philosophie rationaliste, est sorti le système de Hegel. Schelling lui-même est arrivé, dans sa nouvelle philosophie, à reconnaître explicitement le principe du Dieu personnel, libre, et créateur de toutes choses, au lieu de l'absolu produisant l'univers, sans choix et sans conscience, suivant une évolution nécessaire.

2. Système de Hegel.

La méthode de Hegel est essentiellement rationaliste. Suivant lui, tout le procédé philosophique étant méthodique, et partant nécessaire, ne consiste qu'à poser ce qui est déjà contenu implicitement dans une notion. Tout ce qui est doit se déduire nécessairement par ce procédé d'analyse. Dès lors le principe réaliste de Schelling dut être abandonné, sans qu'on pût retourner à l'idéalisme subjectif de Fichte, ni admettre avec Kant un monde phénoménal inexplicable à la raison. En persistant dans les voies du rationalisme, Hegel ne pouvait donc arriver qu'à l'idéalisme objectif, qui n'admet aucune réalité hors la pensée.

La raison, suivant Hegel, est la pensée pure, c'est-à-dire sans objet, si ce n'est elle-même, et la pensée substantielle, c'est-à-dire, sans sujet pensant, par opposition à la pensée actuelle. Cette pensée est inactive et impersonnelle : elle ne pense pas; elle est la pensée. Elle est l'absolu, l'un et le tout. La logique est Dieu.

Schelling admettait une évolution nécessaire de l'absolu : il avait essayé de montrer comment l'absolu produit nécessairement la nature et l'histoire. Hegel a entrepris de montrer que la raison *est* nécessairement la nature et l'histoire. A cet effet il crée une dialectique nouvelle. Toute notion, suivant lui, est d'abord cette notion elle-même (moment abstrait); mais ensuite elle est aussi le contraire d'elle-même (moment dialectique); enfin l'unité et la vérité de ces deux premiers termes contraires, qui se neutralisent et s'annullent, se trouve dans un troisième terme, résultat nécessaire des deux premiers (moment spéculatif ou rationnel positif). Ainsi le moment dialectique de l'être est le néant; de la pensée, la nature; du droit ou du juste, le tort, l'injuste ou le crime, etc. Le moment spéculatif, l'unité entre le néant et l'être, est le devenir; entre la pensée et la nature, l'homme; entre le droit et le crime, la peine, etc. La liberté morale est le moment spéculatif entre une détermination précise et la possibilité d'en concevoir une tout autre, une toute contraire. Le troisième terme devient chaque fois le point de départ d'un nouveau mouvement dialectique, puisqu'il suppose son contraire, et par suite l'unité entre son contraire et lui.

Par là Hegel a poussé le rationalisme aux dernières limites de l'abstraction. Dans les systèmes précédents, l'unité prise pour base du système, la raison elle-même était une notion complexe; car elle embrasse des catégories diverses (la qualité, la quantité, l'unité, la multiplicité, etc.). Hegel fait abstraction même de ces formes pures de la pensée, et réduit celle-ci à la notion la plus simple : discerner et juger, opposer et unir, autrement dit, le moment dialectique et le moment spéculatif. Tout part de ce point si abstrait et si simple, et dans tous les développements de son système, Hegel ne devient jamais infidèle à sa méthode.

Mais le vice de la méthode est d'abord dans la manière arbitraire et inconséquente dont le troisième terme est déduit des deux premiers. La nature et la pensée se réunissent et subsistent dans l'homme, comme être raisonnable et sensible; mais être et néant ne se réunissent pas dans le devenir : le néant cesse et l'être commence. De même la peine suppose, il est vrai, l'injustice, le crime, mais ne les contient point; elle les abolit, au contraire, autant qu'il est en elle. Voilà pour le moment spéculatif.

Un vice non moins grave concerne le moment dialectique. La

notion d'une chose rappelle et contient, il est vrai, dans sa définition même, la notion de son contraire : mais dans la réalité
la chose ne contient nullement son contraire, qu'elle repousse
et exclut complétement. Puis ensuite les deux termes opposés
entre eux, sont tantôt directement contraires, comme être et néant,
fini et infini; tantôt simplement différents, comme la pensée et
la nature. Le contraire de l'être ne saurait être que le néant; le
contraire de la pensée n'est pas nécessairement la nature physique
telle que l'observation nous la montre. Il est tel de fait, mais le
fait ne peut rien dans un système qui prétend tout déduire *à
priori*, et qui fait constamment abstraction de la réalité des choses.

Comment donc Hegel a-t-il trouvé ici le second, là le troisième
terme? C'est par une usurpation évidente, par ce sophisme perpétuel du rationalisme, dévoilé plus haut, et qui consiste à faire
honneur à la déduction *à priori* des résultats de l'observation,
après les avoir revêtus des formules logiques.

THÉORIE DU DROIT ET PHILOSOPHIE DE L'ESPRIT, SUIVANT HEGEL.

Hegel a fondu dans son système les idées et les tendances de
notre époque, et il a fait illusion par là sur la véritable portée de
son système. Or, il ne s'agit pas de savoir ce que ces idées et
ces tendances sont en elles-mêmes, mais ce qu'elles deviennent
dans l'évolution dialectique qui, suivant Hegel, les légitime en
même temps qu'elle les produit.

Le Droit naturel est l'évolution immanente de la notion du droit
hors d'elle-même. Mais la déduction de la notion du droit précède la science du droit, et résulte de la philosophie de l'esprit.

La logique (la raison, la pensée) est aussi son contraire (la
nature, l'existence) : l'unité de ces deux termes est l'esprit. L'esprit est d'abord subjectif (dans les hommes individuels); son
contraire est l'esprit objectif (dans les formes sociales); l'unité
est dans l'esprit absolu (l'art, la religion et la philosophie) : car
l'opposition et l'union de l'esprit des institutions, qui s'ignore lui-
même, avec l'esprit des hommes individuels, qui ont conscience,

est Dieu en tant qu'esprit. Tel est le sens véritable du dogme chrétien : Dieu est esprit.

Le droit a son siége dans l'esprit objectif, et plus spécialement dans la volonté. Celle-ci est un des termes de l'évolution immanente de l'esprit subjectif. La volonté est libre[1]. Le monde de l'esprit, le règne de la liberté réalisé comme une seconde nature; l'unité d'une règle substantielle, impersonnelle, et des individus qui la réalisent : voilà le droit.

Le droit a lui-même son évolution dialectique. Il est d'abord lui-même, c'est-à-dire, l'union de la règle et de l'individu; il est ensuite son contraire, c'est-à-dire la désunion de ces deux termes; il est enfin dans son troisième terme, l'unité et la vérité de cette union et de cette désunion : de là le Droit abstrait, la moralité et la sociabilité.[2]

Dans le Droit abstrait (droit privé), la volonté de l'individu est aussi la volonté de la loi (faculté juridique et contrainte). Dans la moralité, la loi exige le sacrifice de la volonté individuelle : il y a donc désunion, et dans cette désunion, la volonté impersonnelle de la loi, ou le bien, manque de réalité; il n'est plus qu'un devoir; et la volonté individuelle n'est plus aussi nécessaire. Donc la moralité est le contraire du droit : le crime l'est aussi, mais il ne l'est pas aussi complétement que la moralité!

La sociabilité embrasse la famille, la société civile et l'État. Elle est l'unité du droit et de la moralité, car les lois de la famille, de l'État, sont aussi bien mon droit que mon devoir. Elle est aussi l'unité de l'esprit subjectif et objectif : car les membres de la famille, de l'État, se reconnaissent à la fois comme individus et comme pensée impersonnelle; la volonté substantielle n'est que la totalité des individus. Comme règle, la volonté sub-

1 Voyez plus haut. La liberté telle que Hegel l'admet est purement imaginaire; elle est conciliable avec la prédestination même, puisqu'une détermination réellement fatale n'exclut pas *la conception* de son contraire.

2 Les deux derniers termes employés par Hegel, *Moralität*, *Sittlichkeit*, sont dans la langue commune exactement synonymes, et ne différent que par l'étymologie latine ou allemande. Ma traduction est justifiée par le sens particulier que Hegel donne à ces deux mots, ainsi qu'on verra par ce qui suit.

stantielle subsiste dans l'État malgré les transgressions des individus, et la volonté actuelle des individus reste libre malgré la
permanence de la règle.

Le Droit abstrait est aussi son contraire, l'injustice, le crime;
et l'unité des deux est dans la procédure et la peine. La sociabilité est d'abord la famille, puis son contraire, c'est-à-dire plusieurs familles, ou la société civile, et enfin l'unité de ces deux
premiers termes, ou l'État. Le contraire de l'État, c'est d'autres
États, d'autres peuples; leur unité est l'histoire universelle.

La logique, en tant qu'histoire, est l'esprit universel. Il est d'a-
bord général, surhumain, exclusif de l'homme : c'est le despotisme oriental, la théocratie. L'esprit surhumain se donne son
contraire dans l'esprit humain, qui apparaît, après la période de
transition des Grecs, dans Rome antique. La mission de Rome
est de montrer l'opposition de ces deux termes, dans le patriciat
et l'esprit plébéien. Le moment spéculatif, l'unité monarchique
avec la représentation multiple, l'esprit surhumain inclusif de
l'homme, se trouvent dans les États modernes.

La philosophie de l'esprit se termine par l'unité de l'esprit
subjectif et de l'esprit objectif dans l'esprit absolu. La pensée impersonnelle devient en même temps personnelle, parce qu'elle
est connue et conçue par la personne, par l'individu. Cette unité
se prépare, mais confusément encore, dans l'art et dans la religion. Elle s'achève dans la philosophie, qui est la logique se
sachant elle-même, ou Dieu à sa plus haute expression.

Il est évident, d'après cela, que le Droit naturel de Hegel
n'a plus aucune ressemblance avec les théories précédemment
appelées de ce nom. Il n'est plus question d'une loi que l'homme,
que l'individu doit s'efforcer d'accomplir. Tout se produit inévita-
blement de soi-même, ou, pour mieux dire, tout est implicitement
contenu dans la première notion vide de la pensée, dont il ne
s'agit plus que de le déduire par les tripartitions de la dialectique.
Hegel l'a proclamé assez haut lui-même : tout ce qui est rationnel
est réel; tout ce qui est réel est rationnel. C'est là, comme dans
Spinoza, la conséquence inévitable du rationalisme objectif. Aussi

Hegel s'efforce-t-il vainement de repousser l'accusation de panthéisme.

D'ailleurs les vices de la méthode en général se montrent d'une manière frappante dans le Droit naturel : les éléments réels, introduits par surprise dans le système, augmentent, à mesure qu'on avance, dans une progression énorme, qui n'échappe au premier abord que parce qu'ils sont déduits en grande partie logiquement des éléments antérieurement déjà empruntés à l'observation. Et néanmoins le système ne réussit pas à se rendre adéquat à la réalité. La famille, par exemple, dont une des fins est la propagation de l'espèce, n'est donnée que comme le produit combiné de l'union et de la désunion de la loi nécessaire et de la volonté individuelle, et l'on ne voit pas comment la propagation pourrait résulter de ces deux facteurs. C'est que la réalité, la vie, sont riches en relations innombrables, en rapports variés qui se croisent, et enlacent les mêmes choses dans des séries diverses, tandis qu'une systématisation arbitraire, exclusive, puérilement régulière, manque de la souplesse et de l'impartialité nécessaires pour réunir, dans une conception puissante, l'universalité des points de vue.

Enfin, chaque terme, chaque position dans ce système, ne se définit que par l'opposition et la négation de son contraire. La réalité est remplacée partout par des formules abstraites et vides. Il n'est donc pas étonnant que les hommes les plus éminents, qui cultivent les sciences positives pour elles-mêmes, et cherchent dans chaque fait sa signification propre et sa valeur en quelque sorte individuelle, en jurisprudence Savigny, en théologie Néander, aient été l'objet d'un dénigrement dédaigneux de la part des disciples de Hegel.

Mais le mobile originaire du rationalisme, l'intérêt de la personnalité humaine et de sa liberté est complétement sacrifié dans ce système. La personnalité figure, il est vrai, dans le système de Hegel, mais elle n'est qu'un des termes fatalement contenus dans l'évolution nécessaire de la pensée impersonnelle : la personnalité n'est rien par elle-même, ni pour elle-même. De là la négation

d'une immortalité individuelle; la réduction de la liberté morale
à la possibilité, non de faire, mais de concevoir le contraire; d'in-
différence pour la moralité des agents dans les événements de
l'histoire, etc.

La philosophie de Hegel a la prétention d'être entièrement
d'accord avec la doctrine chrétienne, et de donner l'explication
complète de ses mystères, notamment de celui de la trinité. Mais
il a fallu pour cela qu'elle donnât au dogme chrétien une signification vide et creuse, ou tout à fait arbitraire, qu'aucun chrétien, qu'aucun homme sincère même, ne reconnaîtra pour conforme au christianisme.

Toutefois les systèmes de Schelling et de Hegel ont un point
de rapprochement avec le christianisme.

Celui-ci admet un être surhumain comme centre et unité de
l'univers; et puis l'action, la liberté, la création; autrement dit,
un principe objectif et historique.

Avec Schelling et Hegel la philosophie n'accepta plus le hasard
comme la cause inconnue des phénomènes de la nature et des
événements de l'histoire, ce que le rationalisme subjectif faisait
au moins tacitement; elle n'adopta pas davantage l'explication
pragmatique, qui attribue les événements au caprice des volontés
humaines. Il n'y eut qu'un seul principe à toutes choses, principe
supérieur à l'homme, dont tout vient, dont tout dépend. L'unité
fut rendue à la science; l'univers fut expliqué, non du point de
vue subjectif de l'homme, mais du point de vue objectif, du
point de vue de Dieu. De là l'esprit sublime qui anime la philosophie de Schelling dès sa première période, et qui n'est pas entièrement effacé dans le système de son successeur.

Il en résulta pour l'éthique cette conséquence importante, que
l'homme ne chercha plus sa loi en lui, mais au-dessus de lui;
et que les institutions sociales reprirent leur valeur objective,
indépendante de l'arbitraire des hommes : il y eut de nouveau
un véritable Droit public.

Mais Schelling, en imposant à l'absolu la loi d'une évolution nécessaire, et Hegel, en cherchant son principe dans la pensée impersonnelle, détruisirent leur propre ouvrage, et réduisirent à de vains mots l'action, la vie, la liberté, la personnalité, l'histoire. L'homme dut obéir fatalement, non plus aux injonctions d'un souverain législateur, mais aux formules de la logique. La morale et le droit ne consistèrent plus dans des actions libres et imputables, mais dans une architectonique de la sociabilité.

Le non-succès de cette tentative a marqué la dernière période du rationalisme. «Car, dit Gœthe, celui qui ne fait que goûter d'une erreur, la ménage longtemps et s'en réjouit comme d'un bien précieux; mais celui qui l'épuise jusqu'au bout, finit par la reconnaître, s'il n'est tombé en démence.»

3. Résultats généraux.

PHILOSOPHIE SPÉCULATIVE ET DIALECTIQUE.

Depuis Fichte la philosophie tend à devenir spéculative, et la dialectique, que Platon représente comme la science la plus haute et la plus difficile, est redevenue le fondement de la philosophie de Hegel. Ce qu'il y a de vrai dans cette double tendance de la philosophie moderne ressortira de la discussion suivante.

Nous ne trouvons dans la réalité rien d'absolument simple, rien qui ne réunisse plusieurs attributs divers; mais cette multiplicité d'attributs n'existe pas elle-même sans une unité à laquelle elle se rapporte. Il y a plus : le simple n'est même pas concevable sans le multiple, ni le multiple sans l'unité. C'est ce que Platon établit dans le Parménide.

Nous trouvons de plus la diversité dans le temps, puisque la même chose change d'état, de qualité, d'affection, de situation; et la diversité dans l'espace, puisque la même chose peut occuper dans le même temps plusieurs portions de l'étendue. Le même homme est successivement gai ou triste, malade ou bien portant: ne devrait-on pas croire d'abord que ce sont autant d'individus tout différents? Son corps occupe à la fois les portions a et b de l'espace : comment se fait-il qu'il ne soit pas scindé par là et disjoint

en deux individualités distinctes? D'un autre côté, le changement
s'opère à un point de passage et de transition où un état cesse,
où l'état différent ou contraire commence; et néanmoins il ne peut
y avoir aucune solution de continuité, autrement, la chose qui
change ne serait plus la même chose.

Il s'agit donc d'examiner : 1.° comment une chose quelconque
peut être à la fois une et multiple; 2.° comment il peut y avoir
changement, comment une chose peut avoir dans des temps ou
des lieux différents des attributs qui s'excluent réciproquement,
sans qu'il y ait néanmoins solution de continuité.

Il n'y a d'explication possible qu'en admettant que le sujet est
autre chose que la somme de ses attributs; et qu'il reste un et
toujours le même, malgré leur pluralité ou leur changement. Il
faut que par lui les attributs soient unis et liés entre eux, sans
néanmoins se confondre. Or, il n'y a qu'un seul sujet absolument
indépendant de tous ses attributs, quels qu'ils soient: c'est le *moi*,
la conscience, la personnalité. L'identité de la personne survit au
changement et concilie les contraires. Ce que le *moi* ne peut
devenir jamais, c'est toi, ou lui, ou cela : d'une personne à une
autre, ou à une chose, il y a un abîme, il y a solution de continuité absolue. L'individualité n'est point un attribut de la personne, c'est elle-même; on la montre, mais on ne la définit point :
elle est elle, c'est tout ce qu'on en saurait dire.

Si l'unité dans le multiple et dans le changement ne s'explique
que par la personnalité, comment peut-il y avoir unité dans les
choses impersonnelles? et puis, comment plusieurs personnes,
qui s'excluent, peuvent-elles appartenir à ce même univers?

La substance n'est pas l'unité de l'univers, car elle n'a de réalité que dans ses affections mêmes; en dehors de celles-ci, elle n'est
qu'une notion vide et abstraite, qui exclut la multiplicité et le
changement. L'unité de l'univers ne saurait donc être que dans
le Dieu personnel : sa volonté libre a créé toutes choses, et l'i-
dentité de son intention créatrice donne aux choses impersonnelles, à un arbre, ou à un corps céleste, une unité contingente,
reflet de la personnalité divine.

Le Dieu personnel est aussi le lien entre les diverses person-
nalités humaines. Seul il est une personne dans le sens absolu du
mot : à son égard, les hommes ne sont que des attributs; il ne
leur a donné qu'une personnalité dérivée : et leur indépendance,
soit de leurs propres attributs, soit de Dieu, a pour bornes la
volonté divine. C'est aussi par l'intention du Créateur que l'identité
de l'homme existe dès avant l'âge où il acquiert conscience de
lui-même. Mais il implique de croire que Dieu lui-même n'ait
pas eu éternellement conscience de lui : s'il n'avait pas conscience,
il n'était point; car il n'y a d'unité possible entre l'existence à l'état
de chose et l'existence à l'état de personne, que par l'intention
d'une personnalité supérieure.

Toutefois la difficulté n'est point résolue, elle n'est qu'éloignée.

La notion abstraite de substance est parfaitement simple; mais
si la personnalité de Dieu est l'unité de l'univers, elle est elle-
même multiple, complexe : on y trouve l'être, la science, la puissance, etc. Il faut donc rechercher en quoi consiste véritablement
l'unité.

Pour qu'il y ait unité entre plusieurs choses, il faut qu'il y ait
dans chacune d'elles, prise isolément, quelque chose qui se trouve
également dans toutes les autres; ainsi la notion d'animal se trouve
dans le cheval, le lion, etc.; la notion d'être en toutes choses :
de là leur unité. Un tas, au contraire, n'est point une unité, parce
que sa notion ne se trouve point contenue dans chacune des
pierres ou autres choses isolées dont la réunion le compose : il
est une collection fortuite, un simple agrégat. La statue, il est
vrai, ne se trouve pas déjà dans chacun de ses membres, ni
l'arbre entier dans chacune de ses branches, de ses feuilles : la
statue, l'arbre, sont néanmoins des unités, parce que l'idée de la
statue ou de l'arbre, l'intention de l'artiste ou du Créateur, se
retrouvent déjà tout entières dans chaque membre de la statue,
dans chaque branche, chaque feuille de l'arbre.

L'unité logique n'est qu'une unité partielle, car la notion générale, qui est commune à tous les objets particuliers, n'embrasse
pas chacun de ces objets dans sa totalité. Tel animal est cheval

ou lion, il est bien portant ou malade : la notion générale d'animal n'est ni l'un ni l'autre. L'unité de l'arbre ou de la statue est une unité complète, puisque l'idée du tout se trouve dans chacune de ses parties; elle est une unité réelle, et non pas seulement abstraite comme la notion générale : mais elle n'est point une unité primitive et vivante, puisqu'elle n'existe que par une intention extérieure, et peut survivre dans cette intention à sa destruction même. La personnalité, au contraire, est une unité à la fois totale, intime et indivisible : elle est tout entière par la conscience dans chacun de ses attributs; si un de mes membres est malade, c'est moi qui suis malade; si mon esprit s'occupe de quelque chose, c'est moi qui m'en occupe; si ma volonté se porte vers un objet, c'est moi-même, c'est moi tout entier qui m'y porte. La personnalité est l'unité par excellence, le système véritable, l'opposé direct de la simple collectivité. Tout système dans la science, toute unité dans l'art, n'est que l'œuvre d'une personne qui les conçoit. Kant a dit avec raison que la conduite de l'homme doit être systématique; seulement elle doit l'être suivant une unité plus haute que la conséquence logique : il faut que la personnalité tout entière s'exprime dans chacun de ses actes par la présence d'esprit, l'énergie, la concentration, la conviction profonde. Il faut de même que l'État réalise, dans toute son organisation, l'idée, l'unité voulue par Dieu. Enfin, si nous cherchons un système du monde, c'est parce que Dieu est une personne.

Non-seulement le Dieu personnel est un principe d'unité, mais il est le seul possible. Si vous partez d'un principe impersonnel, ou vous n'en pouvez absolument rien déduire, ou il faut en admettre aussitôt un second, et l'unité est détruite. L'unité, dans Spinoza, est la substance; mais la loi nécessaire, suivant laquelle elle est supposée prendre des affections diverses, est une seconde et nouvelle substance, en dehors de la première, et sans lien qui l'y unisse. De même, dans Hegel, la notion vide de l'être se combine avec la loi du mouvement dialectique : le dualisme est aussi évident qu'inévitable.

Mais il reste une dernière objection à écarter : il résulte de ce qui précède, que la personnalité est une et multiple à la fois ; si cela est, cela est absurde, car la contradiction logique est flagrante.

Cette contradiction existerait en effet, si le lien, la copule entre le sujet et ses divers attributs, était une égalité totale ou partielle. Car si le sujet était égal à chacun de ses attributs, ces attributs seraient égaux entre eux, ce qui implique, puisqu'ils sont différents dans l'hypothèse. Si le sujet était égal à la somme de ses attributs, il serait une collectivité, et l'unité n'existerait plus, ce qui est aussi contre l'hypothèse. Mais il y a un tout autre rapport entre le sujet et ses attributs : ce rapport c'est l'acte.

Dans l'acte, le sujet a des attributs qui sont identiques avec lui, et qui néanmoins peuvent cesser de l'être, sans qu'il cesse lui-même d'être lui : car, sans cet acte, le sujet serait encore le même. L'acte suppose liberté, et la liberté est l'essence même de la personnalité. Tout acte est une création, et la création ne peut être conçue que comme un acte libre. Par là le sujet se donne, par sa volonté et avec conscience, des attributs qui ne font nullement partie de son essence, qui sont quelque chose hors de lui, un produit. Ainsi le monde est hors de Dieu, non que le monde soit indépendant de Dieu, ou qu'il pût subsister si Dieu ne le voulait, et ne le produisait en quelque sorte incessamment de nouveau ; mais parce que Dieu est sans être le monde, parce qu'il a produit le monde sans être contraint de le produire. Car le multiple n'est pas ici contenu logiquement dans l'unité ; il est créé par une unité réelle qui le maintient et le gouverne, par l'unité de l'acte, qui produit le système véritable. Telle est aussi l'unité que Platon s'efforce de représenter dans sa République.

Dès lors il n'y a point contradiction entre la multiplicité des attributs, et leur unité dans l'identité du sujet qui se les donne. Le bon sens du vulgaire n'en conçoit aucune : comment la science est-elle donc arrivée à l'y voir ? C'est qu'en méconnaissant le seul lien qui puisse unir les contraires, le rapport de l'acte, elle a tout réduit au rapport logique et mathématique de l'égalité totale ou partielle. C'est qu'en niant la création, l'action, la liberté, elle a fait surgir, par son hypothèse même, une contradiction, qu'elle s'étonne ensuite de trouver insoluble. [1]

La faculté de l'esprit de percevoir l'acte est *l'intuition*. Elle est elle-même active et positive, et partant susceptible de degrés et d'une progression indéfinie : de là le génie, l'inspiration, la divination. Par elle, l'esprit acquiert une connaissance non discursive, mais immédiate; non de ce qui ne pourrait pas ne pas être, mais de ce qui est. Elle n'a point l'évidence mathématique, mais la certitude de la foi.

La spéculation est, par son étymologie même, synonyme de l'intuition : la *philosophie spéculative* consiste à reconnaître l'univers comme l'acte d'un Dieu personnel. Telle est la tendance de la philosophie moderne depuis Fichte.

Mais le rationalisme avait substitué à l'intuition les formes abstraites et inactives de la pensée. Ces formes sont purement négatives et n'admettent point de degrés : elles existent dans l'intelligence ou elles n'y existent point; il n'y a point de milieu entre la raison et la folie. Si donc toute vérité vient de ces formes et ne vient que d'elles, toute vérité est accessible et démontrable à tout homme, et rien ne saurait être vrai qui ne se déduise nécessairement d'elles. Le remède aux négations du rationalisme, la médecine de l'esprit, comme Platon l'appelle, est la *Dialectique*.

La dialectique est l'art de la réfutation. Elle démontre que chaque notion que l'abstraction croit avoir fixée, passe irrésistiblement dans une autre, se confond avec son contraire, et partant implique elle-même contradiction. A cet effet, elle accepte l'hypothèse du rationalisme : celui-ci nie l'acte, la dialectique s'interdit, mais lui interdit en même temps rigoureusement à lui-même l'emploi de ce rapport; elle réduit tout rapport à l'égalité partielle ou totale. J'ai la notion de l'infini : cette pensée n'est pas mon acte; donc l'infini $=moi$ ou une partie de moi. J'ai de la même manière la notion du fini : je suis donc aussi, et de la même manière, le fini. Donc l'infini $=$ le fini.

---

[1] Cet alinéa et le précédent contiennent des réminiscences du cours professé par Schelling à l'université de Munich.

La dialectique de Platon n'est point dirigée contre le rationalisme scientifique ou la philosophie abstraite, qui n'existait pas de son temps; mais contre l'abus pratique de l'abstraction et les contradictions inévitables d'un esprit exclusif et borné. Aussi, dans le Parménide, Platon ne démontre-t-il le passage insensible et forcé de l'unité au multiple que pour les choses réelles. C'est à Hegel qu'est due cette démonstration même pour les notions les plus abstraites. Il a établi avec évidence que toute notion appelle nécessairement et est elle-même déjà sa négation, son contraire. Il a prouvé que, dans la dialectique de Kant, les antinomies ne sont nullement résolues par la négation de la vérité objective du temps et de l'espace, parce que ces antinomies existent déjà dans la raison pure. À tout effet une cause, à toute conséquence un principe. Si la négation du temps dispense de s'expliquer sur la cause de la cause première, le cercle vicieux subsiste pour le premier principe, qui ne peut être lui-même à son tour qu'une conséquence.

Mais Hegel a fait de sa dialectique un abus étrange et déplorable. Destinée à réfuter l'erreur, il a prétendu l'employer comme instrument positif de vérité; il l'a substituée à la spéculation. Une suite de contradictions nécessaires est devenue chez lui le système de l'univers et de la philosophie. L'unité entre les termes contradictoires, il ne la trouve pas là où seulement elle peut être, dans l'identité de la personne et de ses actes, mais dans un troisième terme, qui contient d'une manière quelconque les deux premiers, sans être nullement contenu en eux. Devenir, par exemple, n'est contenu ni dans l'être, ni dans le néant, quoique les notions de néant et d'être se combinent d'une certaine manière dans devenir. Le troisième terme, devenir, ne saurait donc être qu'une notion complexe, collective, et non l'unité et la vérité des deux premiers termes. Dans le système de Hegel, l'unité n'est donc pas dans le début, car il part de la dualité d'une contradiction nécessaire; elle n'est pas dans la fin, car celle-ci n'est point encore contenue dans ce qui précède.

5

PHILOSOPHIE CHRÉTIENNE.

Une autre tendance de la philosophie dans ces derniers temps est un retour vers le christianisme. Il importe donc de préciser le rapport de la science et de la religion.

On a prétendu que la philosophie primait la religion, que celle-ci ne se comprenait pas elle-même, et ne trouvait son explication que dans la philosophie. S'il en était ainsi, il n'y aurait point d'unité possible entre la philosophie et le christianisme. Chercher à démontrer l'excellence et la nécessité du christianisme en partant d'un principe pris en dehors de lui, c'est le ruiner dans son fondement même : « Car personne ne peut poser d'autre fondement que celui qui a été posé, qui est Jésus-Christ. »

Si la religion ne peut accepter l'infériorité sans se détruire, il reste à voir si la priorité de la religion ne porte pas atteinte aux conditions essentielles de la science. Il n'en est rien. La parole de Dieu ne s'est pas expliquée sur toutes choses, ni toujours d'une manière également précise et détaillée. Elle est un des modes de révélation : toute la création, la nature, l'homme, l'histoire, la complètent. Et qui voudrait lui donner sa foi, si elle ne répondait à la révélation intime qui est en nous-mêmes?

La science n'est donc pas réduite à classer et à revêtir de formules les vérités révélées ; il lui reste un grand nombre de vérités à découvrir et à constater par elle-même. L'organisation de l'État et de l'Église, l'idée de chaque institution, de chaque relation humaine, la fin que Dieu lui a prescrite, tout cela doit être étudié et décidé par elle, et le mysticisme le plus outré pourrait seul lui contester cette mission légitime.

La science ne doit pas davantage renoncer à l'indépendance de sa méthode : point de conviction ferme et éclairée sans libre examen. Aucune tentative n'est proscrite, celle du rationalisme pas plus que toute autre; elles ne sont condamnées qu'après l'épreuve, si elles sont trouvées impuissantes et vaines. La science n'est pas la foi; elle ne doit admettre qu'après avoir trouvé dans l'harmonie des faits de l'observation et des lois de l'intelligence une raison suffisante d'admettre : heureux seulement celui qui peut conserver la foi dans le cours de cet examen désintéressé.

L'univers est une grande énigme : il n'y a qu'un mot à cette énigme, et ce mot, le christianisme le donne. Le double rôle de la philosophie chrétienne est d'éprouver et d'écarter toutes les théories diverses qui prétendent vainement à l'explication universelle, et puis de vérifier par l'application l'explication donnée par le christianisme.

Toute cette exposition critique des théories actuelles de la philosophie du Droit est elle-même chrétienne dans l'intention de l'auteur. De fait elle n'est toutefois que théiste, puisqu'elle ne repose encore que sur le dogme de la personnalité de Dieu, et non sur les autres dogmes du christianisme. Mais elle trouvera plus tard son complément légitime.

www.ingramcontent.com/pod-product-compliance
Lightning Source LLC
LaVergne TN
LVHW020054090426
835513LV00029B/895